보통의 삶은
없다

보통의 삶은 없다

초판 1쇄 발행 | 2025년 7월 31일

지은이 | 김신일
펴낸곳 | 메이드인
등 록 | 2018년 3월 5일 제25100-2018-000014호
주 소 | 경기도 파주시 초롱꽃로 109
전 화 | 070-7633-3727
팩 스 | 050-4242-3727
이메일 | madein97911@naver.com
ISBN | 979-11-90545-64-8 03810

* 책값은 뒤표지에 있습니다.
* 잘못 만들어진 책은 구입하신 서점에서 교환해 드립니다.
* 이 책은 저작권법에 의하여 보호를 받는 저작물이므로 내용의 일부를 재사용하려면 반드시 저작자와 출판사의 동의를 받아야 합니다.

- 프롤로그 -

나를 바라본 순간 달라진
보통의 날들

나는 오랫동안 평범한 삶을 살고 싶었다. 내가 보는 사람들은 지극히 평범하게, 저마다 잘 살아가는 듯 보였다.

하지만 시간이 지나며 그 생각이 조금씩 달라지기 시작했다. 남들과 대화하다 보면 말하지 못하는 아픔과 사연은 하나둘씩은 있었다. 깊이 친해져야 들을 수 있는, 그런 평범하지 않은 이야기들이었다.

나는 내가 창피했다. 그래서 내가 겪은 일들을 오랫동안 숨기며 살아왔다. 남에게 말하면 나에게 편견의 딱지가 붙여질 거라 생각했다.

그리고 항상 남들처럼 평범하게 살아가고 싶었지만, 과연 그렇게 살 수 있을지 불안했다.

평범한 삶을 살지 못하는 내가 하루를 버틸 수 있는 건 글이었다. 그 어떤 것도 나를 달래주지 못했다. 글을 쓸 때만이 유일하게 내 자신에게 솔직해지는 순간이었다.

나는 아직도 경험이 많지도 큰 성공을 거두지도 않은 평범한 청년이다. 그리고 내가 겪은 일들도 당신과 별반 다르지 않을 것이다.

하지만 그게 보통의 삶은 아니다. 당신도 많은 일 속에서 잘 버텨왔음을 알고 있다.

그저 우리는 마음속으로 보통의 삶을 원하며 오늘도 버티고 살아가는 것이다.

생각해 보면 평범한 삶을 꿈꾸지 않는 사람이 어디 있을까? 누구나 원하는 삶에 대한 기준이 있을 것이다. 우리는 때로 일기예보와 다르게 내리는 소나기처럼 예측할 수 없는 일을 경험한다.

나도 당신도, 어쩌면 이런 삶을 원하지는 않았을 것이다. 그러나 이미 일어난 일들에 우리가 어찌할 수 있겠는가. 그저 받아들이고 이겨내며 감내해야 하는 것을 누구보다 잘 알고 있다.

서로 다른 사연을 가진 사람들이 모여 이야기를 나누고 그 이야기 속에서 작은 위로가 꽃필 것이라는 희망 하나를 가슴에 품고 이 글을 썼다.

글을 쓰면서 많은 생각을 했다.

나만 이렇게 많은 일들을 겪으며 살아온 것인가. 내 인생은 왜 이렇게 평탄하지 않은 것일까.

그러다 많은 이들을 만나면서 나만 이런 것이 아니라 다른 이들도 수많은 일을 겪으며 살았다는 걸 깨달았다.

우리 모두 보통의 삶을 원하지만, 보통의 삶을 사는 이들은 없다.

저마다 크고 작은 이야기들이 있다.

그게 영화와 같은 이야기일 수도, 웃고 넘어갈 수 있는 이야기일 수도 있다.

나는 이 말을 글로 옮기기까지 용기가 필요했다.

내 이야기를 읽어주는 이에게 무엇을 전달할 수 있을까? 누군가에게는 적지 않은 한 권의 책값, 나의 이야기를 통해 나도 당신처럼 보통의 삶을 살지 않은 한 인간일 뿐이니 내 삶만 이렇게 평탄하지 않다는 생각에서 벗어나기를 바라는 마음으로 적었다.

우리는 시간이 지남에 따라 좀 더 성숙해지고, 단단해진다. 이 책을 읽고 나에게만 이런 시련이 주어지는 것이 아닌 나와 같은 사람들이 생각보다 많다는 것을 알게 된다면 그것으로 내가 전달하고자 하는 것은 충분하다.

그렇다. 보통의 삶을 사는 사람은 없다.

다 저마다 사연이 있고 아픔이 있고 알 수 없는 날 불어닥치는 고난에 눈물을 흘리기도 했고, 그러다 꽃이 피듯 좋은 일에 위로를 받기도 했을 것이다.

보통의 삶을 꿈꾸는 나와 당신에게 삶을 좀 더 사랑해 주자고.

남들과 같지 않더라도 괜찮다고 말해주자고.

오늘도 잘 살아가자고 말해주고 싶다.

그러니 오늘도 지금처럼만 잘 보내기를 바란다.

프롤로그

: 나를 바라본 순간 달라진 보통의 날들　　　　　　　005

Part 1. 괜찮지 않은 보통날의 고백

　　노력만으론 안 되는 연애와 결혼　　　017

　　조급하면 더 늦어지는 게 현실　　　　023

　　우리는 생각보다 행운아다　　　　　　027

　　현재의 자리에서 최선을 다할 것,

　　　　그래도 안 되면 그만둘 것　　　　034

MBTI가 사람을 결정하나요?	039
이사를 하고 싶은 층간소음	044
도망가자, 바다나 갈까	049
당첨되지 않는 로또	056
나에게 필요한 말, 오늘도 당신 참 애썼다	060
가족에게 바라딘 깃	063
사람을 성장시키는 환경	068
아픈 기억은 잊히지 않는다	073
한순간 삐끗할 뻔한 전세대출	078
당신의 삶, 수고 많으셨습니다	089

Part 2. 예상치 못한 쉼표, 삶의 방향을 바꾸다

나를 회복시켜 준 글쓰기	099
버티다 보면 끝은 달라질 수 있어	105
네잎클로버와 같은 치과	111
아픕니다, 마음이	115
서툴지만 진심으로	124
우리에게 필요한 건 도파민이 아닌 세로토닌	128
나부터 나를 챙겨 주기로 하자	132
실행보다 중요한 것은 마음	137
돈으로 못 사는 지혜	140
긍정의 감사일기	145
잠이 만병통치약	151

Part 3. 나만의 색깔로 채워가는 매일

아무런 대가를 바라지 않는 일	159
누구에게나 그리운 시간은 있다	163
사람이 성장하는 동력, 열등감	166
별이 빛나는 이유	172
감사하는 이유	176
잊고 있던 꿈	179
반려견이 아닌 가족	181
항상 건강하세요, 할머니	190
다시 찾아오지 않을 추억	194
보통의 삶은 없다	209

에필로그
: 그래도 삶은 계속되고, 당신은 충분히 아름답다   212

Part 1.

괜찮지 않은
보통날의 고백

노력만으로 안 되는 결혼

서른이 될 때쯤 마음의 불안과 늘어나는 나이에 결혼 생각이 많아졌다.

그러다 교회에 다니게 되었다. 정착한 교회에서 주변 사람들이 하나둘 결혼하는 모습을 보면서 우리나라가 결혼율, 출산율이 낮다는 말이 정말인가 의심스러워질 정도였다. (이혼율이 높은 건 인정한다.)

처음에는 남들의 결혼이 그다지 의미 있게 다가오지 않았다. 그냥 결혼식에 가서 마음을 다해 축하해 주기에 바빴다. (가기 싫은 결혼식도 있던 것은 비밀.)

여러 해 결혼식을 다니다 보니 축의금도 꽤 나갔다.

그러다 문득 생각이 들었다.

'나는 지금 뭐 하고 있는 거지? 나는 언제 결혼할 사람을 만나게 되는 거야? 언제 연애해서 결혼까지 하는 거야?'

주변 사람들과 얘기하다 보면 연애 얘기, 결혼 얘기는 빠지지 않았다. 그때부터 새로운 인연을 만나기 위해 노력하기 시작했다.

"짚신도 짝이 있어. 때가 되면 다 네 짝이 나타난다."

엄마는 별로 도움이 되지 않는 말씀을 하셨다. (엄마, 노력을 해도 쉽지 않아요.)

20대 때까지만 해도 나는 얼빠였다. 얼굴이 예쁘면 성격이고 뭐고 일단 호감이 갔다. 주변 사람들이 하나둘 연애할 때 나는 내 마음에 쏙 드는 외모의 이성을 찾고 있었다.

웃을 수도 울 수도 없는 이야기지만, 그러다 그렇게 30대가 되어 버렸다. (정신 못 차리면 이렇게 되는 것이다.)

그랬던 내가 30대가 되어 연애와 결혼이 얼마나 힘든지 알게 되었다. 20대 때처럼 사람 만날 기회가 좀처럼 생기지 않았다.

노력해도 잘 안되는 것이 사람 간의 인연이고 좋다가도 헤어지는 것이 사랑이다.

나는 어떤 사람을 만날 지 생각하다 내가 어떤 사람이 되어야 할지를 고민해 보았다.

일단 첫인상이 좋고, 편안하게 대화가 되는 사람, 착한 사람, 자기관리를 잘하는 사람. 내가 상대에게 원하는 것이 있다면 먼저 그런 사람이 되어야 할 것 같았다.

연애는 생각보다 어려운 거 같으면서 쉽고, 쉬운 거 같으면서 어려웠다. 상대가 내 마음에 들면 내가 상대의 마음에 안 들고, 상대가 나를 마음에 들어 하면 상대가 내 마음에 안 들었다.

주변 지인이 소개팅을 주선해 줘서 나간 적이 있다.

소개팅은 처음이었기에 만나서 어떻게 하고 시간은 얼마나 보낼지 고민했다. 옷을 갖춰 입고 오랜만에 향수도 한번 뿌렸다.

매너 있게 약속을 잡고 상대를 만나 적절한 장소에서 시간을 보내고 집으로 돌아오는 길, 실망스러운 마음에 친한 동생에게 전화했다.

"원래 연애하는 게 이렇게 힘드냐?"

"형은 지금 아무것도 한 게 아니야. 그 정도 노력은 당연히 해야지."

사실 진짜 아무것도 한 게 없다. 그냥 같이 밥 먹고 커피 마신 뒤 헤어졌을 뿐. 그래서였을까. 나는 만나고 깨지고 또 깨지고를 반복했다.

새로운 연애를 시작하며 이어 나가는 과정도 힘든데, 결혼은 얼마나 힘들지 생각하게 되었다. 주변에서 결혼한 사람들을 보면 대단하다는 말이 나온다.

부모님을 생각해 보면 아버지가 30대 초반, 어머니가 20대 중반에 결혼하셨으니 너무나 대단하게 느껴졌다. 당시 우리를 낳은 두 분은 집도 있고 차도 있었으니, 지금의 내가 꿈에 그리던 모습이다.

나는 지금, 혼자 살기에도 벅차다.

결혼하면 처음에는 좋지, 막상 하면 현실이라고 사람 다 거기서 거기라고 누군가에게 수도 없이 들은 말이다. 매일 같이 살면 싸울 수밖에 없다고 부부가 같은 침대에서 자는 것 자체가 기적이라 했다. (누가 말해줬는지는 말할 수 없다. 그의 기적이 계속되기를 진심으로 바란다.)

주변을 보면 결혼에 대한 로망을 가진 사람들이 보이는데, 나는 결혼에 대한 로망이 없다. 드라마가 현실을 망쳐놨다고 생각했다.

솔직히 말해서 결혼한 사람들이 부러웠다. 인연을 만나는 것은 노력도 필요하겠지만, 어머니 말씀처럼 다 짝이 있다고 생각한다. 결국 비슷한 사람끼리 끌려 만나는 것이라 믿는다.

각자의 시기에 자기에게 맞는 짝이 있을 것이다. 그러니 너무 조급해하지 말고 오늘에 충실해야지 하고 다짐한다.

하루를 열심히 보내다 보면 나에게도 호감을 주는 사람이 생길 것이다.

어느 날 문득 당신에게도 하루하루를 충실하게 살아가는 사람 하나가 눈에 들어오지 않을까? 혹은 자기도 모르는 새 당신이 누군가의 마음에 들어가게 될지도 모를 일이다.

그러니 오늘 하루도 걱정과 고민에 빠져 시간을 낭비하기보다는 몸을 움직이며 부지런히 보내길 바란다.

조급하면 더 늦어지는 게 현실

사람인 이상 누구나 '그래도 최소한'의 기준치와 '이 정도면 훌륭한'의 기대치를 가지는 것은 당연하다. 다만 조건을 많이 따지다 보면, 똑같이 조건을 많이 따지는 상대를 만나게 된다.

결혼 압박에 마음속으로 조급해하지만, 한편으론 그중 가장 조건이 괜찮은 사람을 만나 결혼하고 싶은 마음을 가진 사람을 우리 주변에서 흔하게 보게 된다.

역으로 그런 사람을 만날 준비가 되어 있는지 나에게 물어봤다. 내가 계산적으로 조건을 따지는 만큼, 나도 상대에게 괜찮아 보일까? 마음은 있다가도 없어질 수 있으니, 상대도 나에게 온전히 마음을 굳히게 할 자신이 있을까?

이렇게 자신을 외부 시선으로 새롭게 바라보는 시각을 자기 객관화라고 한다. 다른 사람이 보는 것처럼 객관화해서 자신을 보는 것.
내가 만나고 싶은 사람에게 나는 어울리는 사람일까?
내가 생각하는 나와 남이 보는 나는 다를 수밖에 없다. 누군가 좋다면 마음속을 잘 들여다보고 표현해 보자. 당장 결혼할 것이 아닌 이상 일단 사람을 알아야 하니 말이다. 연애하고도 오래 지켜봐야 그 사람을 조금 알 수 있을 뿐, 전부를 알 순 없다.

결국 아무리 입 밖으로 얘기를 해도 비슷한 것을 추구하는 사람끼리 만나게 된다. 상대를 만날 때 기준치를 정한 후 거기에 맞는 사람을 찾다가 시기를 놓쳐버리는 경우도 종종 보게 된다. 이게 현실이다. (내 현실이

기도 하다.)

조건에 맞는 사람을 찾기보다 일단 호감이 있다면 만나보는 게 좋겠다. 만나면서 사람을 알아가고, 그다음에 결정해도 늦지 않다.

신중하고 진지한 만남도 중요하지만, 그에 못지않게 호감 가는 사람이 있다면 일단 만나보고 오래 봐야 한다.

사람은 첫인상, 느낌만으로 알 수 없고 만나봐야 조금이라도 알 수 있기 때문이다.

반대로 내가 상대에게 원하는 기준이 있는 것처럼 상대도 분명히 기준이 있을 것이다.

나의 20대 얼빠 시절처럼 기준을 정해 놓고 거기에 맞는 사람을 찾다 시간을 낭비하는 사람이 없기를 바란다.

일단 마음에 있다면 만나보자. 사람 마음은 알다가도 모르는 것이다. 만나다 보면 사랑에 빠질지도 모를 일이다.

외로울 때 성급히 사람을 찾아 만날 생각을 하기보다 그럴 때는 자기관리에 힘쓰는 것을 추천한다. 자기관리가 잘 된 사람을 싫어하는 사람은 보지 못했다.

조급해하지 말고 여유를 갖고 편안한 마음 상태에서 인연을 찾기를 바란다. 마음에 드는 이성이 생겼다면 목적성을 드러내기보다 먼저 친해지기를 바란다.

천천히 알아가도 늦지 않다. 급하게 타오르는 불은 금방 식어버리기 때문이다.

우리는 생각보다 행운아다

 자존감이 낮아질 대로 낮아져 스스로가 한심하고 창피한 시절이 있었다. 진로를 정하지 못해 조급함이 앞선 때였다.

 '남들은 다 번듯한 직장에 다니고 연애하고 결혼도 하는데, 난 이 나이 먹도록 뭘 하고 있는 거지?'

 남과 나를 계속해서 비교했다. 생각이 꼬일 대로 꼬여갔다. 이 모든 것이 다 마음의 병 때문이라고 탓하고 싶었다.

 마음 같아서는 아르바이트라도 구해 일하고 싶지만 금방 그만둘 것 같아 용기가 나지 않았다.

"또 그만뒀어? 진득하게 좀 다녀봐."

이런 말을 들을 때마다 쥐구멍에라도 숨고 싶었다. 더는 듣기 싫었다. 나도 한 곳에서 진득하게 다녀 떳떳해지고 싶었다. 모두가 나를 패배자로 보는 것 같았고, 나 혼자 이상한 사람이 된 것 같았다.

"남 걱정하지 말고 네 인생이나 잘 살아." 하고는 메신저에서 모두 정리해 버리고 싶었다. 하지만 정작 말 한마디 하지 못하고 혼자 끙끙 앓는 현실이었다.

동생과 술을 한잔한 적이 있는데 동생이 진지하게 질문을 던졌다.

"형은 목표가 뭔데?"

"나? 나는 그냥 딱 200만 원만 버는 거."

그때 그 정도 벌면 충분할 것만 같았다. 얼마나 어리석은 생각인지 부끄럽기만 하다.

"형이 겁이 많아서 그래 일하는 거 진짜 별거 아니야, 겁먹지 말고 그냥 해."

"아냐. 네가 몰라서 그래. 내 마음 상태로는 일 시작했다가 또 오래 버티지 못하고 금방 그만둘 거야."

동생이 참 착했다. 나 같으면 "어쩌라고. 할 거면 하고 아니면 하지 마"라고, 대답했을 것이다.

그때를 회상하며 20대 후반부터 목표하던 돈을 벌어 보니 나란 사람 참 야망이 적었구나 싶었다. 글을 쓰는 지금도 욕심이 많은 편은 아니다. 그냥 소박한 것에서 행복을 느끼는 사람에 가깝다.

그때는 200만 원만 벌면 충분히 만족스러울 줄 알았다. 얼마나 미련한 생각이었는지 현실감각이 떨어졌구나 싶었다.

보통 마트에서 장을 봐도 기본 10만 원 이상은 나온다. 혼자서 식비, 교통비, 통신비, 갖고 싶은 물건을 한두 개만 사도 카드값은 생각보다 많이 나온다. 그러니까 200만 원으로 턱도 없는 것이다.

월급이 들어올 때마다 나가는 카드값에 허무한 것은 직장인이라면 공감할 것이다.

엄마는 타이밍을 어쩜 그렇게 잘 맞추시던지, 내가

집안일을 안 한다고 화를 내며 스트레스를 주기 시작했다. 우리 엄마는 요리면 요리, 집안일이면 집안일, 부지런하고 깔끔한 것은 인정한다. 그런데 옆에 있는 내가 피곤하다.

"옛날이면 장가갈 나이야. 밖에 나가서 살아봐야 얼마나 힘든지를 알지. 나가서 살아 봐."

아빠도 엄마도 본인은 아니라지만 누굴 닮았는지 쓸데없이 자존심이 강한 나는 대답했다.

"알겠어, 집 나갈게."

지키지도 못할 말을 내뱉었다.

다음 날 일을 하는 도중 너무 화가 나 원룸을 알아보기 시작했다. 그런데 보증금과 월세를 보니 도저히 월급으로 감당할 자신이 없었다. 카드값을 내기도 버거운데 내가 한 말을 지키지 못할 것 같아 창피했다.

집에 돌아오니 엄마는 화가 나서 그랬다며 내 마음을 풀어주셨다.

"미안해, 큰아들. 아들이 없으면 엄마는 어떻게 해."

다행이었다. 나간다며 큰소리쳤지만 집을 나가게 된다면 밖에서 굶고 있을 모습이 상상됐다.

이전과 다르게 진득하게 직장을 다닐 수 있었던 것에 감사함을 느끼게 됐다.

우리는 이전보다 성장하고 있고 저마다 때와 시기가 있다는 것을 알아야 한다.

독립, 그거 생각보다 만만한 거 아니다.

월세든 전세든 한 달 동안 가스비, 전기료, 수도세까지 내며 식비, 교통비, 통신비…… 어떻게 다 해결할 수 있을까.

나는 독립을 한 많은 사람들이 대단하다고 생각한다. 독립을 바라면서도 그 버거운 삶이 부담스럽기도 하다.

어쩌면, 그 많고 많은 청년 중에 나는 행운아인지도 모른다. 이 나이 먹고도 어머니가 해주는 밥을 먹고, 여름에는 에어컨을 쐬고 피곤할 때면 침대에 누워 잠을 자고, 추운 날씨에는 따뜻하게 집에서 보낼 수 있는 것.

이거 너무 감사한 일이다.

밖에 나가서 살아보면 알겠지만, 얼마나 고생길인지 굳이 사서 고생할 필요는 없다고 생각한다. (하마터면 나가서 고생하다가 엄마한테 손을 벌릴 뻔했다.)

분명 갖고 싶은 거 하나 사기도 버거울 것이다. 나는 그랬다.

우리는 알고 보면, 저마다 자신이 행운아라고 생각할 것들이 있을지도 모르겠다.

작더라도 내 한 몸 누울 방 한 칸, 함께 수다 떨 친구 하나, 지겨운 잔소리에 관심과 사랑을 담은 부모님.

관심이 없다면 잔소리를 할 이유도 없다. 아예 말조차 꺼내지 않을 것이다. 관심이 있고 사랑하니까 걱정이 되어 잔소리하는 것이다. 힘들어도 잔소리 좀 들으면서 따뜻한 밥을 먹을 것인가? 아니면 자유를 찾아 떠나서 독립할 것인가? 그렇게 오늘도 집에 들어서는 마음을 가볍게 하고 문을 연다. (그렇다고 잔소리가 듣기 좋아지는 마법 같은 일은 벌어지지 않는다.)

나가봤던 사람으로서 감히 말하건대, 독립은 고생 시작이다. 빨래, 요리, 설거지, 청소 등 할 일이 생각보다 많다.

당연한 것 같아도 당연한 것이 아닌 지금이 어쩌면 가장 편안하고 행복한 시간일지 모른다. 그 소중함을 모르고 하루를 그냥 보낸 건 아닌지 나에게 물어본다.

오늘 하루도 감사하면서 보내기로 한다.

현재의 자리에서 최선을 다할 것,
그래도 안 되면 그만둘 것

    나는 직장을 찾는 사람들을 기업과 이어주는 일을 하고 있다. 급여를 생각하면 굳이 다니고 싶지 않다. 어디를 가도 장단점이 있듯, 힘든 건 마찬가지일 것이다. 이 글을 쓰고 있는 지금, 직종을 변경한다면 무엇을 해야 할지 아직 정하지 못했다.

    내가 근무하는 곳의 장점은 유연근무제를 시행하고, 퇴근하고 나면 직장 일에 개인 시간을 투자하지 않아도 된다. 구내식당이 있어 7천 원으로 푸짐하게 밥을 먹을 수 있다. 나는 좋아하지만, 여자 선생님들은 구내식당

밥이 물리지 않냐고 묻기도 하셨다.

한 달에 한 번 2시간 일찍 퇴근이 가능하고, 청년을 취업시켰을 때 성과급이 나오며, 참여자에게 감사의 인사를 들었을 때 뿌듯함을 느낀다는 점이 좋다.

그러나 그만둘 생각을 하고 있다. 업무가 과하기 때문이다. 수많은 행정 업무, 실적 압박, 많은 사람들을 대면으로 상담하는 일로 에너지가 많이 쓰였다. 내향형인 나에게는 생각보다 많은 에너지가 필요한 일이다.

힘든 날에는 집에서 혼자 맥주를 마시거나 몸살 기운이 있는데도 크로스핏을 하고 집으로 돌아왔다. 어떻게든 스트레스를 꼭 풀어줘야 했다.

돈 많은 백수를 원하는 것은 예전이나 지금이나 여전하다. 누구나 로또 당첨을 꿈꾸지 않는가. 3등만 당첨돼도 너무 좋을 것 같다.

돈이 행복의 전부는 아니지만 행복해지려면 돈이 필요한 것은 사실이다. 취업난이 심하고 어려운 상황에서 일을 할 수 있다는 것만으로도 감사해야 한다는 것은 잘 안다.

급여가 적다는 건 불편한 일이었지만 반대로 직종과 급여에 만족했더라도 여전히 운동과 글쓰기는 계속해서 했을 것이다. 내가 애정하는 일이니 말이다.

직장을 다니면서 퇴근 후 내 시간을 크로스핏과 글쓰기에 집중했다. 현재 하는 일을 진정으로 좋아했다면 직업으로 삼았다고 해서 굳이 다른 취미를 통해 스트레스를 풀어야 하지는 않았을 것이다.

나는 현재의 자리에서 스트레스를 덜 받는 것과 감사할 부분을 찾아 버티려고 노력했다. 어떤 일이든 남들에게 피해를 주는 일만 아니라면 자부심을 가지고 현재 자리에서 열심히 해보는 것이 중요하다고 생각한다.

그렇게 최선을 다했음에도 아니라고 생각된다면 그때는 결심해도 된다.

단, 해볼 수 있는 데까지는 해봐야 최선을 다했다고

할 수 있을 것이다. 내가 볼 때도 남들이 봤을 때도 최선을 다했다는 얘기가 들을 수 있다면 말이다.

같은 일을 해도 누군가에게는 잘 맞고 나에게는 맞지 않을 수 있다. 사람마다 성향과 적성이 다르고 버틸 수 있는 정도가 다르기 때문이다.

어디를 가더라도 소위 말해 꿀 빠는 직장은 없다. (그런 곳이 있다면 나도 소개 좀.)

어디를 가더라도 나와 안 맞는 사람이 있거나 장단점이 있다.

나는 직업상담사 일을 4년 정도 하니 직종을 변경해야겠다는 마음이 들었다. 할 만큼 했다고 생각했고 더 이상 새롭게 배울 부분을 찾지 못했다.

당장 먹고사는 게 급한 사람들은 진로를 고민할 여유도 없이 일단 무엇이 됐든 닥치는 대로 할 것이다. 내가 무슨 일을 해야 할지 모르겠다면 최대한 많은 일을 도전해 보시라.

나도 늦게 깨달았지만 최대한 많은 일에 도전해 보려 한다.

아무것도 하지 않고 변하는 것은 없다.

최대한 많은 것을 해봤을 때 이 일이 나에게 맞는지 아닌지, 그리고 나의 장단점은 무엇인지를 알 수 있다.

나를 잘 알아야 내가 어떤 일을 할 때 잘 맞는지 알 수 있다.

우리는 그런 경험이 필요하다. 많은 경험을 해보는 것이 결국 나의 자산이 된다. 많은 도전을 해보시라.

도전할 용기가 나지 않고 내가 무엇을 좋아하는지 잘하는지 도무지 모르겠다면, 김창옥 교수의 말처럼 체력을 먼저 길러보자. 운동을 하다 보면 점점 자신감이 생길 것이다. 자신감이 생기다 보면 도전할 용기도 생길 것이다.

MBTI가 사람을 결정하나요?

 소개팅에서 새로운 사람을 만나다 보면 꼭 나오는 말이 있다.
 "MBTI가 뭐예요? I시죠?"
 "MBTI 맞춰볼게요. ENFP 맞으세요?"
 이제는 MBTI가 한 사람의 전부를 알 수 있는 정보가 되어버렸다. 심지어 나조차도 상대에게 물어본다.

 언제부턴가 유행이 되어 버린 MBTI. 각종 프로그램에서도 단골 멘트로 나온다.
 나는 MBTI를 검사할 때마다 매번 바뀌는 게 이해

되지 않아 3만 원 정도의 돈을 들여 검사한 적이 있다. MBTI를 전문적으로 공부해 돈을 버는 사람들이 있다는 것을 처음 알았다.

온라인으로 검사를 하였는데 MBTI 검사 결과가 나오고 그 뒤 해석까지 해주셨다.

"신일 님은 기질적으로 INFP예요. 기질적인 것은 바뀌지 않으나 살다 보면 MBTI는 조금씩 바뀔 수 있어요."

MBTI 검사를 할 때마다 바뀌는 이유다.

그렇게 나는 지금까지 내 MBTI를 INFP로 알고 있다. 그런데 지인들이 말하기를 너는 T 같다고 하기도 한다.

생각해 보면 MBTI가 유행하지 않을 때는 타인에 대해 그렇게 잘 안다고 생각하지도 않았고 서로에 대해 궁금한 점도 많았다. 상대를 잘 모른다고 생각하니, 판단하거나 쉽게 생각하는 일도 적었다.

그런데 MBTI가 유행한 후로 연애와 직업에도 영향

을 미치고 있다.

우리는 각자 한 사람 한 사람 고유한 개성이 있다. 그런데 MBTI로 사람을 16가지로 나누어 사람을 판단하고, 그 사람을 다 아는 것처럼 얘기하는 건 아닐까.

우리는 지금도 서로를 너무 모른다. 같이 사는 내 가족도 여전히 모르고 내가 어떤 사람인지도 잘 모른다. 그런데 다른 사람들은 어떻게 나에 관하여 잘 안다고 하는 걸까?

우리에게 지금 가장 필요한 것은 나는 상대에 대해 잘 모르니 어떤 사람인지 궁금해하는 마음, 조금 알게 된다고 한들 여전히 잘 모른다고 생각하는 마음, 이런 게 필요하지 않을까 싶다.

한 사람 한 사람이 개성 있고 고유한 존재이기에 우리는 각자의 모습과 생김새로 자신 있게 살아가야 한다. 당당하고 자신감 있는 사람이 매력 있다.

사람의 성향과 모습에 정답은 없다.

옳고 그름, 좋고 나쁜 것은 없다.

우리는 서로 다른 모습에 관해 예의와 존중이 필요한 시대에 살고 있다.

한 사람의 살아온 과정을 다 풀어 설명할 수 없듯이 MBTI 하나만으로 그 사람을 잘 안다고 생각하는 것은 어리석은 일이다.

지금부터라도 상대를 잘 모른다는 마음으로 존중해 본다면 상대와 더 끈끈하고 친밀한 관계를 유지할 수 있을 것이다.

상대를 너무 많이 안다고 생각하는 것도 오만이다. 그러다가 상대에게 실수하고 상처를 주고 관계가 틀어지는 경우를 많이 봤다.

나도 나를 잘 모르는데 상대를 얼마나 잘 알 수 있겠는가.

반대로 상대도 본인을 잘 모르는데, 나에 관하여 얼마나 알 수 있겠는가.

우리는 처음 만났던 그 순간으로 돌아가야 한다. 오늘부터 처음 만나 천천히 알아가는 사이인 것처럼 생각하고 상대에게 관심을 기울여야 한다.

우리는 처음 만났을 때도 잘 몰랐고 지금도 잘 모르는 상태인 것이다. 많은 시간 함께하고 시간이 흘러도 잘 모르는 게 당연하다. 자신을 알아가는 과정에서도 평생의 시간이 걸릴 수 있다.

그러니 서로 적절한 거리를 두며 존중과 예의를 갖고 상대가 어떤 사람인지 관심을 기울여보자.

이사 가고 싶은 층간소음

　친구 하나가 위층에서 쿵쿵거리는 소리 때문에 잠들기도 어렵고, 자다가도 깨서 일상생활까지 망가지고 있다며 하소연했다. 나도 층간소음 때문에 하루에도 몇 번씩 위층으로 올라가고 싶은 마음을 참는지라 함께 얼굴도 보지 못한 위층 사람 욕을 해댔지만, 별다른 해결 방법 없이 답답한 속을 견뎌야 하는 건 어쩔 수 없었다.

　위층에서 쿵쿵대는 발소리는 아래층에서 들어봐야 얼마나 고통스러운지 알 수 있다. 시도 때도 없이 들려오는 쿵쿵 소리에 신경이 가면 그다음부터는 아무것도 집중할 수 없다. TV도 유튜브도 넷플릭스도 쿵쿵 소리에 모두 뒤덮이고 만다.

나는 자주 이사를 하며 오피스텔, 아파트, 주택에서 다 살아 봤다. 그나마 층간소음이 덜 했던 곳은 단언컨대 빌라 꼭대기 층이다. 결국 위층이 없어야 층간소음도 사라진다.

원룸에 살았을 때는 안 들리는 소리가 없을 정도로 시끄러웠다. 이웃에게 얘기해도 변하는 건 없었다.

오피스텔을 살 때도 새벽에 잠을 안 자는 사람들이 많아 윗집, 아랫집, 옆집, 어딘지도 모른 채 소리가 들려 관리실에 요청했지만 해결되지 않았다.

위층에서는 쿵쿵대는 발소리, 아래층에서는 에어비앤비를 운영한다며 떠들고 소리 지르는 소리가 빈번히 들렸다. 당시 일로 에어비앤비를 싫어하게 되었다.

오래된 주택으로 이사 가서 살 때는 위층의 쿵쿵대는 발소리에 잠을 잘 수가 없었다. 올라가서 조용해 달라고 부탁하며 과일도 선물해 드렸지만, 상황은 달라지지 않았다.

극단적인 사례겠지만, 뉴스를 보면 층간소음으로 인한 사건들도 생긴다는 걸 알 수 있다.

층간소음을 해결할 방법은 서로 조심하고 배려하는 방법밖에는 없다고 생각한다. 왜냐하면 보통 집을 지을 때부터 생긴 문제여서 새로 짓지 않고서는 해결되기 어렵기 때문이다.

오랫동안 층간소음에 시달리며 이웃에게 얘기도 해보고 여러 가지 방법도 써 봤지만, 내가 귀마개를 사용하는 것으로 정리가 되었다. 아직도 층간소음이 들리면 신경이 쓰이지만, 잘 때가 되면 귀마개를 끼는 게 습관이 되었다.

하루 이틀도 아니고 1년 이상을 겪어보면 얼마나 화가 나는 일인지 알 수 있다. 부탁했음에도 계속 그런다면 당하는 처지에서는 고의적이라고밖에 느껴지지 않을 것이다.

많은 사람들이 고된 하루를 보낸 뒤 집에서만큼은 편하고 고요하게 쉬었으면 하는 바람일 것이다. 이 글을 읽는 당신도 집에서 편하게 쉬었으면 좋겠다.

나에게 별거 아닌 일이 다른 이에게는 고통일 수도 있다는 것을 알고 서로 조금씩 더 조심한다면, 층간소음 자체가 줄어들지 않을까.

유튜브 한문철 TV를 보면 운전하는 사람들은 그렇게나 많이 사고를 내고 언성을 높이며 싸우곤 한다. 잠깐 빨리 가려다 사고 날 바에 서로 양보하고 배려해 가는 게 좋지 않을까? 고작 찰나의 시간, 겨우 1~2분을 참지 못해 큰 사고가 나는 경우가 많다.

나도 최근 횡단보도에서 초록 불에 신호를 건너려다 갑자기 차가 튀어나오는 일을 여러 번 겪었다. 난 운전연수는 받았지만 교통사고를 많이 봐왔기에 무서워서 운전대를 잡지 못한다.

뉴스에서 나오는 층간소음 사건이나 운전 사고를 보며 사람들은 욕하지만, 과연 나는 어떤지 한번 돌아봐야 한다.

혹여나 나는 누군가에게 피해를 주고 있지 않은지, 반대로 나는 누군가에게 피해를 보고 있지 않은지.

배려한다고 뭐가 달라질까 싶지만, 나부터 달라지는 것이 시작이라 생각한다. 그렇게 한 사람 두 사람의 시작으로 배려하는 사람은 점점 늘어날 것이다.

지금 이 순간에도 당신이 조용하고 편안하게 집에서 잘 쉬었으면 좋겠다.

도망가자, 바다나 갈까

일을 하다 보면 한계를 느껴 현실을 인정하게 되는 순간이 온다.

오늘은 그런 날이었다. 업무상 새로운 참여자들이 배정되면 약속을 잡아야 한다.

그런데 전화를 받지 않아 골치 아플 때가 많다. 업무폰이 없어 부가서비스에 가입해 번호를 두 개 만들어 업무용으로 카톡을 보낸다. 카톡을 읽지 않아 문자를 보내고 회신이 없어 전화해도 받지 않아 한숨이 나왔다.

여러 번의 시도 끝에 겨우 참여자에게 전화가 오고

약속을 잡는다.

약속을 잡았다고 어려운 일이 끝난 건 아니다. 개인적인 사유로 당일에 연락하는 사람들도 있다.

"오늘 못 갈 거 같아요."

"다른 날로 바꿔주세요."

이럴 거면 뭐 하러 신청했냐고 묻고 싶다.

어떤 사람은 취업하게 되어 못 가게 되었다고 말하기도 한다. 이런 경우는 차라리 다행이다.

매뉴얼상 대면상담이 진행되면 취업을 하지 않는 이상 진행을 취소할 수 없다. 그래서 처음에 신중하게 시작해야 한다고 충분하게 설명해 드리고 서명을 받는다. 그러나 중간에 중단해 달라는 사람들이 꼭 있다.

일을 해본 사람이라면 주말에 연락이 오는 것이 얼마나 스트레스인지 알 것이다. 주말에도 업무를 하는지 묻거나 새벽과 공휴일에도 연락이 오는 경우가 많았다.

어떤 참여자에게는 참고 참다 휴일에는 연락을 안 하셨으면 좋겠다고 말했다. 어쩔 수 없었다. 이런 분은 진상이라고 표현해야 할 것 같다.

일을 하다 보면 착하고 사회성이 좋아 보이는 참여자들도 만나고, 무례하거나 사회성이 떨어지는 참여자들도 만나게 된다.

전문가가 아닌 이상 그런 사람들을 수십 명 만나게 되면 지치는 게 사실이다. 가끔은 정말 화가 나거나 상처를 받을 때도 있었다.

정부에서 주는 수당을 신청한 지 얼마 안 됐는데 언제 들어오냐고 따지듯이 말하거나, 나에게 돈이라도 맡겨 놓은 것처럼 달라는 이들이 있었다. 미리 설명했음에도 일주일을 못 참아서 재촉하는 게 나로서도 답답할 노릇이었다.

새로운 참여자를 배정받고 지치는 날은 몸과 마음이 지쳐 퇴근하고 집에 들어오자마자 쓰러져 잠들었다.

이 일을 시작한 지는 얼마 안 되었지만, 사람을 상대하는 일을 시작하고 나서 나의 유일한 낙은 잠이었다. 자고 일어나면 신기하게도 스트레스받은 기억에서 벗어난다.

　예전부터 궁금했었다. 이 업무를 정부 사업의 꽃이라고 불렀다고 했다. 실제로 해보니 하는 일에 비해 급여가 터무니없이 적었다. 대면상담부터 행정적인 일 그리고 실적 관리, 점검까지 할 일투성이였다.

　행정만 해도 정신이 없는데 일대일로 수많은 사람을 상대해야 하니 내 성격상 에너지가 곧 바닥이 나곤 했다.

　당장 퇴사해도 무엇을 할지 정하지 못해 다니고 있지만 오래 일할 수 있을 거 같지는 않다. 나와는 안 맞는 일이다.

　'내가 뭐 하러 이 돈을 받고 이렇게 일하지?'

　순간 현타가 왔다. 일이 많아 쓰지 못해 연차가 쌓였어도 마음 편히 쓰기 어려웠다. 반차라도 쓰고 싶었다. 그냥 이곳에서 도망치고 싶었다.

　예전에 같이 일하던 팀장님도 그랬다.

"저는 이제 직업상담사가 아닌 다른 일 하려고요. 신일 선생님도 이참에 다른 거 배워서 도전해요. 지금도 늦지 않았어요."

하지만 지금 또 다른 걸 하려고 하기에는 뭘 하고 싶은지 뭘 배우고 싶은지 확신이 서지 않는다. 적은 나이가 아니기에 섣부르게 선택할 수가 없다.

지금은 그냥 현실에서 도망치고 싶다. 몸과 마음이 너무 지친 상태여서.

바다로 도망치고 싶었다. 잠깐이겠지만 그렇게라도 갔다 오면 조금 풀릴 거 같았다. 많은 사람들이 여행을 가고 좋아하는 이유도 여기에 있지 않을까 생각했다.

원래부터 여행을 좋아하는 사람들도 있겠지만, 난 그런 편이 아니다. 그런 내가 현실에서 벗어나고 싶어서인지 여행 생각이 간절했다. 국내 여행이 될 수도 있고 해외여행이 될 수도 있지만 단순히 떠나는 것을 넘어 몸과 마음의 쉼을 얻으러 가는 여행이 될 수도 있다.

하루를 보내고 저녁이 되어 퇴근길, 다들 어디에선가 나와 퇴근하는 직장인들을 볼 때면 마음이 좋지 않다. 나를 비추는 수많은 거울 사이에 끼어 있는 기분이 든다. 지치고, 상심하고, 상처받은 표정들. 먹고 살아야 하니까 해야 하는 일. 더럽고 치사한데 상사의 싫은 소리까지 들으면서 다니는 직장. 아마 아내와 아이까지 있는 사람이라면 더더욱 그만두기 어려울 것이다. 어쩌면 저 상사는 미래의 내 모습일지도 모른다.

당신에게도 오늘 하루 정말 고생 많았다는 말을 전하고 싶다.

지금까지 잘 버티고 최선을 다했으니까. 스스로에게 정말 수고했다고 말해주자.

고된 하루였지만 잘 이겨냈다.

나처럼 번아웃이 오거나 몸과 마음이 너무 지쳐 쉼이 필요하다면 시간을 내서 여행을 다녀오는 것도 좋겠다. 혼자 가도 좋고, 친한 친구랑 가도 좋고, 연인과 가도 좋다.

　단순히 여행을 넘어 가는 순간 머릿속에서 다 잊고 힐링하고 오자. 다녀오면 다시 힘이 날지 모른다. 내 몸과 마음을 가장 잘 관리해 줄 사람은 이 세상에 오직 나 한 사람밖에 없다.

　진로나 미래에 있어 고민하는 분이 있다면 남들이 뭐라 하든 늦은 건 없다고 말해주고 싶다.
　절대로 좌절하지도, 실망하지도 말자.
　포기하지 말고 하고자 하는 바가 정해졌다면 꾸준히 끝까지 해보자. 지치면 멈춰서서 잠시 쉬고, 물도 마시고, 다시 힘을 내어 천천히 시작해 보자.

당첨되지 않는 로또

참고 참다 퇴근하고 집으로 가는 길에, 로또를 샀다. 언제까지 직장생활만 하고 이 월급으로 아들 구실도 못 하고 살 수는 없다는 생각에.

"제발 3등만이라도 되게 해주세요."

옛날에 부모님이 로또를 살 땐 내가 옆에서 잔소리를 했다.

"그런 걸 왜 사. 돈 아깝게."

시간이 지나 보니 정말 지푸라기라도 잡고 싶은 그때의 부모님 심정을 알 것만 같다. 내가 지금 딱 그러니 말이다.

사람이 길을 걷다 몸이 안 좋으면 휘청이고 쓰러지는 것처럼 누가 내 마음을 툭 건드리면 터질 것만 같았다. 그만큼 몸도 마음도 지치고 하루를 보내는 것이 힘겨웠다.

"열심히 일하면 뭐 하냐. 회사 좋은 일인 것을. 나에게 일한 만큼의 돈이 떨어지기는 하냐?"

일에 대한 열정이 떨어지기 시작했다.

물론 처음부터 그런 것은 아니다. 처음엔 나도 정말 열심히 일했다. 신입사원만큼 열정이 넘쳤고 잘하려는 마음이 가득했다.

그런데 점점 열심히 해도 돌아오는 월급은 똑같다는 것을 알고 나니 어차피 일할 거 100%를 다 소진해서 일하지 말고 60%만 써도 되지 않나 잔머리를 쓰게 되었다.

오늘은 일에 치이고 사람에 치여 좀처럼 힘이 나지 않는 날이었다.

그냥 무언가로 위로받고 싶은 마음에 로또를 한 장 샀다. 당첨이 안 된다는 것을 알지만 희망이라도 얻고 싶었다. 습관이 되면 안 좋다는 것을 알지만 오늘은 지푸라기라도 잡고 싶었다.

현실에 몸과 마음이 지쳐 아무런 힘이 나지 않고 지푸라기라도 잡고 싶은 심정이 드는 날, 어려운 상황에서 지치는 날이 오는 것은 당연하다.

이럴 때는 무언가를 억지로 하려 하기보단 물 흐르듯, 하기 싫으면 아무것도 하지 않고 내 마음이 원하는 것에 조금 더 초점을 맞춰본다.

아무것도 하기 싫은데 억지로 에너지를 내서 하다 보면 더 지쳐서 어느 순간 아무것도 할 수 없는 상황이 올 수도 있다. 번아웃처럼 말이다. 누구나 한 번쯤은 경험하는 일일지도 모른다.

당신, 오늘도 잘 이겨냈으니 자신에게 휴식을 주고 마음이 원하는 것을 해주자.

옷도 좋고, 신발도 좋고, 향수도 좋고 자신을 위해 돈을 써보자.

귀찮겠지만 몸을 움직여 뛰어 보자.

먹고 싶은 음식이 있다면 리뷰 좋은 맛집에 가거나 배달 주문을 해보자.

뭐든지 자신이 원하는 것을 작은 선물을 해주자.

돈을 버는 것도 중요하지만 자신이 가장 우선이라는 것을 잊어서는 안 된다. 그 누구도 나를 책임지거나 보살펴 주지 않기에 내 몸과 마음의 건강은 내가 잘 관리해야 한다. 스트레스는 쌓아두지 말고 그때그때 풀어내 버리자.

내게 필요한 말, 오늘도 당신 참 애썼다

출근길에 누군가 어깨를 부딪치거나, 일할 때 진상을 만나거나 하면 감정 조절이 잘 안된다. 누가 봐도 실수가 아닌 고의로 보일 때 더 그렇다.

내 잘못이 아니라 상대에게 문제가 있음을 확인했을 때 알게 되었다.

'나는 이런 사람들과 부딪쳤을 때 유독 감정이 상하는구나.'

이럴 때 나에게 필요한 말을 해준다.

'내 잘못이 아니야. 저 사람이 이상한 사람이야. 살다가 한 번쯤은 누구나 만날 이상한 사람을 만났을 뿐이

야. 기분 나쁘더라도 반응하지 말자.'

다른 사람들도 그런 이상한 사람을 보고 억지로 참는 것이 아니다. 돈은 벌어야 하고 쓸데없는 일에 엮일까 봐 반응하지 않고 피하는 것이다.

오늘 하루 기분 나쁜 일이 생기더라도 이런 사람들로 인해 나의 소중한 하루를 낭비하지 말기로 한다. 퇴근하거나 쉬는 날이면 기분이 나빴던 일을 떠올리지 않기로 의식적으로 노력한다.

오늘 저녁은 기분 좋게 보냈으면 좋겠다.
기분 좋게 보내기에도 짧은 하루이니 말이다.
사랑만 하다 살기에도 짧은 것이 인생이라고 한다.
누군가에 받은 상처에 사람을 너무 미워하며 시간을 낭비하지 말자. 우리의 삶을 생각해 보면 잠깐이라도 나쁜 생각을 할 시간조차 아깝다.
먹고 싶은 음식도 먹고, 집도 꾸며보고, 산책도 하고, 흥미 있는 운동도 하고, 책도 읽고, 푹 잠을 자자.

억울한 일이 있었다면 화가 나는 게 당연하다. 당신의 잘못이 아니다.

자고 일어나면 다 괜찮아질 거라 생각하고, 오늘은 푹 잠들자.

단잠을 자고 일어나길 바란다.

오늘도 당신, 고생 많았다.

가족에게 바라던 것

 살아가면서 기쁘고 좋은 일만 생긴다면 얼마나 좋을까 싶지만, 삶은 우리의 마음처럼 흘러가지 않는다. 새해를 맞이하며 지난해를 돌아보면, 항상 좋은 일보다는 힘든 일이 더 떠오른다. 특히 감당할 수 없을 정도의 고통스러운 일은 더 생생하게 떠오른다. 누구나 살아가면서 감당하지 못할 일이 한 번쯤은 생기지 않는가.

 나는 우리 집에서 첫째로 태어났다. 물론 좋은 일도 많았지만, 나쁜 기억이 더 많은 듯하다. 어린 시절부터 폭력적인 가정에서 자라서인지 기분이 나쁘고 좋은 것을 표현하는 데 서툴렀다. 싫으면 싫다, 좋으면 좋다 왜 말을 못 했는지 나조차도 답답했다.

거기에 낯을 좀 가리는 성격이다 보니 단체생활을 하는 게 편하지 않았다. 떨리고 긴장되는 매일이었다.

남들이 수능 공부를 할 때 나는 수백 권의 심리학 책을 읽고 어떻게 하면 좀 더 외향적인 성격으로 바뀔 수 있을지 고민했다. 지금 생각해 보면 그 시간이 너무 아깝다. 그때는 내향적인 성격에서 벗어나 외향적으로 되면 많은 사람들과 어울려 행복해질 거라고 생각했다.

경험상 타고난 기질 자체를 바꾸기보다는 사람을 많이 만나고 부딪치는 것이 사회성을 키우는 데 도움이 된다는 것을 알았다.

집은 경제적으로 점점 더 어려워져서, 아버지는 이전보다 술을 자주 드셨고 어머니와 다툼이 잦아졌다. 집이 조용한 날이 없었다.

다시 태어날 수 있다면 물질적으로 풍요롭진 못해도 화목한 가정에서 태어나고 싶다고 생각했다. 실수하고 조금 느리게 가더라도 그대로의 모습을 인정해 주는 사랑을 받고 싶었다.

IMF 시절 나는 언덕길에서 엄마의 손을 잡고 편의점에 들어가 쌀을 고른 엄마를 졸랐다.

"엄마, 나 저 사탕 먹고 싶어."

그때는 쌀조차도 사기 어려운 시기였는데, 아이 사탕 하나 사주는 걸 망설인 엄마의 마음이 어땠을지 그 아픔을 짐작할 수도 없다.

내가 중학생이 되었을 때 아버지는 같은 반 친구 중 두 명에게 영어를 가르치며 돈을 버셨다. 과외비를 받으셨을 때 나에게 만 원 한 장을 주면서 근처에서 햄버거를 사 먹으라 하셨다. 만 원은 우리 집에서 큰돈이었다. 평소에 잘 먹이지 못한 마음이 얼마나 한이 되었으면 적은 돈이나마 생겼을 때 가장 먼저 아들에게 주셨을까. 그 정도로 어려웠기에 그 돈을 쓰기가 부담되었다.

어릴 때 아버지는 잘나가는 CEO였다. 중·고등학교 시절 아버지의 사업이 망하면서 나는 모르는 동네로 원치 않는 이사를 오게 되었다. 전학 간 학교에서 적응하지 못해 학창 시절을 어렵게 보냈던 기억이 있다.

가난한 것은 창피한 게 아니다. 사람이 돈이 많을 때가 있으면 돈이 없을 때도 있다.

아버지 사업이 계속 잘 되었더라도 가정이 화목하지 않아 행복하지는 않았을지도 모르고, 오히려 학창 시절 안 좋은 길로 빠졌을지도 모른다.

어려운 시절이 있었지만, 그로 인해 배운 것도 많기에 한편으로 감사하다. 그때의 경험이 없었더라면 일상에서 오는 행복을 느끼고 감사한 마음을 가지지 못했을 것이다. 힘들었지만 값진 경험이라 생각한다. 벗어나지 못할 것만 같던 힘든 시절도 결국 다 지나갔다.

누구나 고통스러운 일들 때문에 왜 나에게 이런 일

이 생겼을까 막막하고 답답한 마음에 빠질 때가 있다.

시련을 잘 이겨내고 나면 반드시 얻는 것이 있을 것이다. 눈에 보이는 물질이나 화려함이 아닌 돈 주고도 사지 못할 교훈과 지혜, 단단함을 얻을 수 있을 것이다.

지금은 막막하고 끝나지 않을 것처럼 보이지만 결국은 다 지나간다. 지금까지 잘 살아왔으니 지나온 것처럼 다 지나간다.

그러니 꿋꿋하게 버티고 버텨 이겨내야 한다.

지금까지 해왔던 대로만 잘 살아가 보자.

사람을 성장시키는 환경

스무 살에 친한 친구와 재수학원에 등록하고 1년을 준비해 전문대에 들어갔다. 하라는 공부는 안 하고 마음에 드는 여자의 번호나 묻고 다니기는 했지만 어쨌든 용케 대학에 들어갔다. 하지만 어렵게 들어간 학교였어도 계속 다녀야 할지 고민이 되었다.

대학에 다니며 새롭게 알게 된 사람들은 별 거리낌 없이 나를 무시하는 말을 했다.

"너는 애가 왜 그렇게 우유부단하냐?"

나는 남의 말에 내 잘못을 찾기 시작했다.

'내가 뭘 잘못했나? 내가 이상한 건가?'

나의 자신감 없는 모습 때문이겠지만 기분은 얼마나 상하던지. 시간이 지나고 돌아보니 내가 만만했기에 아무렇지 않게 내게 그런 말을 했던 게 아닌가 싶다.

사람들은 만만해 보이는 사람을 무시한다. 하지만 자신보다 나아 보이는 사람에게는 그런 소리를 하지 못한다.

집안 형편상 학교에 다니는 것이 부담되어 학자금과 생활비 대출을 받았다. 학자금을 한 번에 내는 친구들도 있었지만, 우리 집은 그럴 수 없었기에 학자금 대출을 받고 생활비 대출도 받았다.

학교에 다니면서 아르바이트를 병행하는 친구들을 보고 대학로를 돌아다니며 이곳저곳에서 서빙 아르바이트를 구했다.

시급이 적어 돈은 얼마 되지 않았지만, 학식을 먹거나 친구들과 함께 먹을 점심을 해결할 수 있었다. 한솥 도시락과 봉구스, 정말 많이 갔다.

집에 돌아오면 부모님이 돈 때문에 싸우는 일이 잦았다. 어느 날은 집에 돌아오니 낯선 사람들이 들어와 가구에 빨간딱지를 붙였다. 당시 크게 충격을 받거나 겁이 나지는 않았다.

다만 먹고 싶었던 것이 많았는데, 라면으로 식사를 때워야 했다. 라면을 먹을 때마다 물려서 먹기 싫었던 기억이 난다.

집에 빨간딱지가 붙인 뒤 부모님과 동생과 나는 두 집으로 나뉘어 살게 되었다. 어쩌면 그때가 가장 행복하고 마음이 편했던 시간이다. 부모님이 싸우는 소리도 듣지 않고 내 마음대로 할 수 있었으니까. 동생과 더 끈끈해졌던 시기였고 돌아갈 수 있다면 돌아가고 싶은 시절이다. 물론 동생은 싫다고 한다.

마음이 항상 어렵지만도 않은 것은 그때를 통해 다시 알 수 있었다.

형편은 바뀌지 않아도 마음은 평안해질 수 있구나.

돈은 없어도 마음은 편안하고 행복해질 수 있구나.

살아가는 데 돈이 필요한 것은 사실이나 마음은 환경에 의해 달라질 수 있다는 것을 알았다.

환경이 변함에 따라 사람도 성장할 수 있다는 것을 알았다.

현재 상황이나 형편에 주저앉지 말고 좋은 방향으로 바뀔 수 있다고 희망을 품자.

정말로 지금보다 좋은 날이 올 것이다.

정말로 지금보다 상황이 나아질 것이다.

밑바닥까지 내려갔다고 단정 지었다. 나도 어디까지 내려갈지 상상하지 못했다. 더 이상 내려갈 곳이 없으니 올라갈 곳만 남았다.

예전에 비하면 지금 나의 상황은 정말 많이 달라졌다. 지금보다 상황도 나아지면서 지나고 나면 힘들었던 날도 추억으로 남을 것이다. 당시의 나는 지금의 현실을 상상도 하지 못했고, 내가 글을 쓰고 있을지도 몰랐다.

정말 사람의 앞날은 알 수가 없다. 지금보다 상황이 나아질 것이라 굳게 믿어보자. 훗날 오늘보다 더 나은 내가 되어 있을 것이다.

아픈 기억은 잊히지 않는다

초등학교 6학년 때 아버지의 사업이 망해 이사를 가서, 도봉구에 있는 한 초등학교로 전학을 갔다.

당시 한 학년에 13반까지 있었는데, 전학을 온 내게 궁금한 게 많았는지 여기저기서 모르는 친구들이 구경하러 놀러 왔다.

한창 사춘기였던 나는 꾸미는 걸 좋아해 선물로 받은 목걸이를 차고 머리에 왁스를 바르며 좋아하는 스타일의 옷을 입고 다녔다.

전교에서 알아주는 짱이라는 애가 우리 반으로 찾아와 나를 불렀다.

"네가 싸움을 그렇게 잘한다며? 화장실로 따라와."

그러고는 나를 화장실로 끌고 가 목걸이를 뜯고 마구 때리기 시작했다. 나는 겁이 나고 당황해서 방어조차 제대로 하지 못하고 맞기만 했다.

그때부터 학교에 가는 것이 두려워졌다. 그 애를 마주치는 것 자체가 무서웠다.

한번은 학교 수업이 끝나고 계단을 내려가는 나를 빗자루로 때리더니 싸우자고 시비를 걸었다. 나는 참다 못해 그 친구의 손을 꺾었다. 그 순간 내가 이긴 것 같았다. 그만하라고 하는데 주먹으로 얼굴을 맞았다. 집에 가는 내내 얼마나 억울하고 화가 나서 눈물까지 났다.

그 애 무리는 축구하다 지나가는 애들에게 괜히 욕설하거나 시비를 걸었다. 지금 생각해 보니 어디 가서 얘기도 못 할 창피한 일이다.

심지어 그 애와 같은 중학교에 가게 되었다. 진심으로 학교에 가기 싫었다. 반은 달랐지만 같은 층이었기에 화장실에 갈 때마다 마주쳤다. 그 애는 나와 내 친구들을 보고 꺼지라며 겁을 줬다. 내게 정말 지옥 같은 시간이었다.

성인이 되어 고깃집에서 아르바이트할 때였다. 같이 일하던 직원이 친구들을 데려와 고기를 먹었는데 낯익은 얼굴이 보였다. 인상이 좋지 않았는데, 자세히 보니 중학교 때 나를 때렸던 그 애였다. 그때도 인상이나 행실이나 험한 말 하는 건 여전했다.

같이 일하는 여자 알바생이 있었는데, 그 애들은 알바생을 보며 상스러운 얘기를 나누며 키득거렸다. 가게 앞에 나가 담배를 태우더니 유리문 너머로 나와 사장님들을 째려보다 침을 뱉었다.

"저거 양아치 새끼네."

형뻘 되는 젊은 사장님들은 무시하셨지만, 나는 그 애가 잊히지 않는다.

어쩌면 처음부터 가해자로 정해진 사람은 없을 것이

다. 누군가 가해자로부터 피해자가 생기고 피해자의 마음이 회복되지 못해 다시 가해자가 되는 것이 아닐까 싶다.

학교폭력은 단순히 웃음거리로 넘어갈 일이 아니다. 당사자에게는 평생 잊지 못할 아픔과 후유증을 남긴다.

폭력을 폭력으로 되갚는 것은 안 되지만, 미성년자들도 성인처럼 사람을 때리면 벌을 받아야 한다고 생각한다.

혹시 나와 비슷한 경험을 했다면 꼭 마음을 회복하기 위해 부단히 노력하길 바란다. 그러지 않으면 마음속에 쌓였던 억울함과 화가 어딘가로 잘못 표출될지 모르기 때문이다.

어렵겠지만 상처받은 일들을 곱씹기보다 좀 더 생산적인 일에 초점을 두고 싶다. 지금보다 나은 내가 될 수 있도록 성장하고 싶다.

그날 이후부터 자신을 스스로 지킬 수 있는 힘을 키워야겠다고 생각했다. 그 누구도 내 인생을 대신 살아

주거나 나를 지켜주지는 않으니 말이다.

훗날 자식을 낳는다면 어떻게 키워야 할지 많은 생각을 안겨 주었다.

내 아이는 어릴 때부터 운동을 시켜야지. 그래서 스스로 자신을 지킬 수 있게 해야지. 나와 같이 억울한 일을 당하지 않도록.

한순간 삐끗할 뻔한 전세대출

층간소음을 오래 겪다 보니 오랫동안 머무를 편안한 집이 필요했다.

집을 알아보려 지나가던 길에 아버지와 부동산 중개소에 찾아갔다.

"안녕하세요, 집을 좀 알아보려 하는데요."

"네, 어떤 집을 원하세요?"

부동산 직원은 낯설지만 친절한 느낌으로 맞아 주었다.

"4인 가족이 살 곳을 찾는데, 꼭대기 집을 원하고 월세로 알아보고 있어요."

"보증금은 얼마 정도를 생각하고 계시나요?"

"2천에서 2천5백만 원 정도 생각하고 있습니다."

부동산 직원은 준비라도 한 듯 망설임 없이 대답했다.

"보증금이 너무 적어서 전세대출을 받는 게 어떠실까요? 아드님이 대출받으시면 2억은 넘게 나올 거예요. 저랑 친동생도 그렇게 해서 살고 있고요."

"그럼 집을 한번 볼 수 있을까요?"

"네, 원하시면 바로 보여드릴게요. 가시죠."

뭔가 신기한 묘수를 알려주는 듯한 부동산 직원의 말에 우리는 집을 보러 갔다.

매물을 3개 정도 봤지만 한 곳을 딱 결정하지는 못했다. 나는 혹시 더 볼 집이 없냐고 물어봤다.

"저희가 전세로 2억에 보여드릴 수 있는 집은 이거밖에 없어요. 요즘 집값이 비싸다 보니 이 가격에 이 정도 집이면 굉장히 좋은 조건이에요. 그리고 4인 가구면 월세로 사시는 것보다 전세로 가는 게 훨씬 나으실 거예요."

"일단 한번 집에서 의논을 해보고 다시 연락드릴게요."

아버지와 나는 집으로 돌아와 고민하고, 동생과 어머니를 데리고 한 번 더 매물을 봤다.

첫 번째 집은 인테리어는 잘 되어 있지만, 한 세대에 4가구나 있는데 가벽이라 방음이 잘 안되는 것 같았다. 또 엄마가 밤에 다니기에는 동네가 좀 위험해 보였다.

두 번째 집은 첫 번째 집에 비해서 장점이 보이지 않았다.

우리는 마지막 집을 마음에 두고 있었다. 마지막 집은 역 근처에 있어 엄마가 밤에 집에 돌아오기 안전해 보였고, 한 세대에 2가구가 살고 꼭대기 층이어서 층간소음도 없는 구조가 마음에 들었다.

고민 끝에 결정한 후 빠르게 집을 계약하고 은행에서 대출 심사를 받고 진행하게 되었다.

부동산 중개인은 대출 상담사를 연결해 줘서 은행에

서 2억 5천만 원 정도를 대출받았다.

　처음에 이사 갔을 때는 집이 신축이어서 만족스러웠다. 무엇보다 층간소음을 오래 겪은 우리로서는 꼭대기인 점이 좋았다.

　그곳에서 약 5년 정도를 살았다. 처음에는 만족스러웠던 집이었지만, 4인 가구가 살기에는 답답할 정도로 좁았고, 주차장에 불법주차를 하는 차가 너무 많아 골치가 아팠다. 밤이 되면 혼자서 소리 지르면서 지나가거나 술에 만취한 사람들이 하나둘 보이기도 했다. 점점 동네가 이상해져 갔다.

　그럼에도 지금까지 살았던 집 중에서는 나름 편안하게 살았던 것은 확실하다. 원래 형편보다 더 좋은 집에서 살게 된 건 전세대출을 이용했기 때문이지만, 전세대출이 마냥 좋은 것은 아니었다. 카드를 일정 금액 써야 하고, 매달 월급이 이체되어야 하고, 우대 조건을 만족시켜야 대출 이자가 적게 나왔기 때문이다.

얼마 지나지 않아 한 달에 50만 원 정도 내던 이자가 90만 원, 어느 달은 100만 원을 넘기기까지 했다. 2년이 안 되어 순식간에 월 이자가 두 배 가까이 커져서 감당하기 버거워졌다. 도대체 무슨 영문인지 알아보려고 은행에 전화를 걸었다.

"안녕하세요, 저희가 전세대출을 받았는데요. 이자가 갑자기 50만 원에서 70만 원으로 오르더니, 이젠 100만 원 정도로 올랐어요. 뭐가 잘못된 거 아닌가요? 미리 안내도 없이 너무 많이 올라 금액이 부담스러워서 연락드렸습니다."

은행 직원은 별 대수롭지 않게 듣더니 대답했다.

"저도 전세대출을 받았는데, 비슷하게 나오고 있고요. 우리나라 기준금리가 올라서 그렇습니다. 이게 미국 금리 상승 때문인데, 우리나라뿐만 아니라 전 세계가 비슷한 상황이에요."

이자가 오를 때마다 전화하면 은행 직원은 남 일처럼 대수롭지 않게 얘기를 반복했다. 말은 친절했지만 내용은 이런 것도 모르고 사냐는 비아냥처럼 들렸다.

이럴 거면 처음부터 월세를 살 걸 하는 후회가 들었다. 괜히 부동산 직원의 말을 들어서 큰 손해를 본 기분이었다.

네 식구가 모두 일을 하는 중이어서 그나마 5년 동안 잘 버텼지만, 아버지가 집을 나간 뒤엔 상황이 바뀌었다. 우리는 전세 계약을 연장하지 않고 이사를 하기로 마음먹고 집주인에게 연락했다.

"내년에는 재계약을 하지 않으려고 미리 연락드렸습니다. 이제 이사를 나가려고요."

"알겠습니다. 그럼 새로운 세입자가 들어와야 하니 부동산에 집을 내놓을게요."

"일단 알겠습니다."

집주인은 집 여러 채를 전세로 놓고 임대 사업을 하는 사람이었다. 집주인에게선 왠지 모를 사기꾼 냄새가 났다. 기본적으로 예의가 없었고, 목소리도 행실도 가벼운 사람이란 느낌을 많이 받았다.

집주인은 처음 우리가 계약한 부동산 한 곳에서만 집을 보러 오게 했다. 모두가 일을 나가 있을 때도 집을 보러 오니 그때마다 강아지가 혼자 있어 불안해할까 봐 우리가 있을 때 집을 보러와달라고 했다.

쉬는 주말 강아지와 있을 때 인상이 좋은 신혼부부가 집을 보러왔고 나는 강아지를 안고 웃으며 편하게 보시라고 말했다. 나중에 부동산 중개인이 신혼부부는 우리 집을 좋게 봤는지 계약하기로 했다고 알려왔다.

곧이어 집주인이 연락을 해왔다.

"집을 보러오신 분이 계약하신다고 하네요. 이 날짜 맞춰서 집 빼주세요."

"갑자기 이렇게 상의도 없이 얘기하시면 저희도 집을 구할 시간이 필요하고 자금이 필요한데 어떻게 하란 말인지 당황스럽네요."

자기는 이미 충족되었으니, 우리보고 날짜에 맞춰 집을 빼라는 이야기였다. 화가 나서 부동산에 연락했더니 방법이 없다는 답변을 받았다. 사정을 다 아는 직원이 보이지 않아 답답해서 물어보니, 예전에 계약을 진행했던 부동산 직원은 그만뒀다고 했다.

"차라리 잘됐다. 나가자."

나와 어머니는 쉬는 날에 부동산을 찾아다니며 발품을 팔기 시작했다. 그렇게 다른 곳에 월셋집을 구해 기간에 맞춰 계약하고 미리 알아본 이사업체를 통해 이사를 할 수 있었다. (당시 이사를 꼼꼼하게 해주신 분들 감사합니다.)

이사 당일 나는 강아지를 돌보며 이사할 집에 와서 이삿짐이 옮겨지는 것을 보고 있었.

그날 집주인은 해외에 있었다는 게 좀 이상했다. 부동산 중개인이 대리로 진행한다고 해서 의심스럽고 불안하긴 했지만, 엄마는 부동산 중개인과 연락하며 정신이 없었다. 나는 은행에서 전세대출금을 돌려받기 위해 기다리고 있었다.

엄마가 부동산 중개인이 정산해야 하는 상황이었다.

집주인이 해외에 있으니 부동산에서 한다는데 말이 안 되는 소리이긴 하다.

부동산 중개인은 벽에 곰팡이 때문에 벽지를 붙인 걸 발견해 집주인에게 보고했다며, 집주인은 복구비용 15만 원을 물어주지 않으면 전세금을 돌려주지 않겠다고 했다.

엄마와 나는 당시 얼마나 화가 나고 어처구니가 없었는지 모른다. 5년 동안 집주인에게 많은 요청을 했음에도 집을 수리해 주거나 인테리어 한 번을 해주지 않았다. 결국 돈을 주고 전세금을 돌려받아 이사하게 되었다. 이사를 마치니 집도 넓고 아늑한 방에서 잘 수 있어 좋았다.

엄마를 통해 알게 된 이야기인데, 그 집주인이 한 세입자에게 전세대출 사기를 쳤다는 소식을 들었다. 뉴스에서나 볼 법한 이야기였다.

집주인은 그 부동산 중개인하고만 일을 했고, 계약을

성사시키면 부동산은 일부 금액을 정산받는 구조라는 것도 알았다.

그때 만약 우리가 살던 집에 신혼부부가 들어오지 않았더라면 나는 지금 어떻게 되었을까? 내 돈도 아닌 대출금을 돌려받지 못했더라면 앞으로 어떻게 살아가야 할지 막막했을 것이다. 어쩌면 둘 중 하나일 것이다. 내가 이 세상에 없거나, 미쳐 돌아버렸거나. 이사할 때 정말 힘들고 스트레스도 많이 받았지만, 그럼에도 전세사기를 당하지 않은 것이 천만다행이었다.

나중에 상상도 못 할 규모의 전세사기를 뉴스에서 접했다. 이번에는 내가 피해자가 아니었지만, 완전히 남 이야기가 아니었다.

이후부터 나는 부동산 중개인도 집주인도 믿지 못하게 되었다. 돈을 대출받거나 거래할 때 사람을 무작정 믿으면 안 된다는 것을 알았다. 보증보험에 가입한다고 해서 무조건 안심할 수 있는 것도 아니었다. 모두 조심하시길 바란다.

유튜브에서 전세사기를 당한 사람이 절망에 빠져 심정이 무너진 모습을 볼 때면 그 마음에 조금이나마 공감할 수 있었다.

사기를 쳐서 돈을 버는 사람이 문제지, 전세대출을 받은 사람들은 아무런 잘못이 없다. 이제 우리는 무작정 사람을 믿을 수 없는 시대에 살고 있지 않나 싶다.

혹여나 전세대출과 같은 사기를 당하지 않도록 꼭 조심하기를 바란다.

당신의 삶, 수고 많으셨습니다

넷플릭스 시리즈 '폭싹 속았수다'를 봤다. 유명한 배우가 나오니 당연히 인기가 많겠지 싶었지만, 사람들이 열광하는 이유는 좋은 배우가 출연해서만이 아니었다. 우리의 삶을 고스란히 담아 보는 사람들의 공감을 불러일으키는 이야기의 힘이었다.

소년과 소녀는 어렵고 가난한 집안에서 태어나 서로 사랑을 꿈꾼다. 나이에 일찍 어머니를 여읜 소녀와 소년이 결혼하고, 둘이 서로를 의지하며 삶을 이겨내는 이야기다.

그들은 각자의 가정에서 태어나 시간이 흘러 어른이

되었다. 나이를 먹어도 마음은 여전히 어른아이인데, 거울을 보며 변해 있는 모습을 보게 된다.

소녀가 어릴 때 그리워하고 떠올리던 어머니의 모습은 존경스러운 슈퍼걸이었다. 그들에게서 자녀가 태어나자, 그들은 아이들의 슈퍼맨이 되어야만 했다. 아무리 힘들고 어려워도 아등바등 삶을 살아가야만 했다.

내 새끼에게 좋은 것을 주고 싶지 않은 부모가 어디 있을까. 그들은 자식들을 굶기지 않기 위해, 더 좋은 환경에서 자라게 하기 위해 일생을 다 바쳤다.

그렇게 자식들에게 슈퍼맨이 되어 살다 보니 어느새 흰머리와 주름이 늘어나고, 관절이 아프고, 병이 생기기 시작했다.

그렇게 슈퍼맨이었던 그들은 어느새 자식들에게 슈퍼맨의 자리를 물려줘야만 했다.

살면 살아지고, 살다 보니 야속하게도 세월은 금방 가더라. 사랑으로 시작해 험난한 세상에서 사랑 하나만으로 버티고 살아왔더라. 참으로 험난했지만 살다 보니 다 지나왔더라. 우리들의 이야기 같았다.

자식들은 아이를 가지고 어머니와 아버지가 자기들을 길렀던 과거를 보며 대단함과 존경심을 가지지 않을 수 없었다.

이 드라마가 사람들에게 공감을 불러일으킨 이유를 정확히 알 수 있었다. 단순히 슬프고 감동적이어서가 아닌, 우리의 삶을 그대로 반영하고 있어서였다. 험난한 삶 속에서 먹고 살기 위해 아등바등하는 모습, 자식들을 먹이고 가정을 지키기 위해 살다 어느새 할머니와 할아버지가 되어 세월이 허무하게 지나버린 우리들의 삶 그 자체였다.

나는 아침에 어머니와 강아지랑 모닝커피를 즐기는 편이다. 나와 엄마의 유일한 데이트이자 힐링 시간이다.

어머니는 우유를 적게 넣은 카페라떼를 좋아하시고, 난 아이스 아메리카노만 마신다.

오늘은 커피를 들고 집에 오는 길에 어머니에게 물었다.

"엄마, 할머니는 혼자서 엄마랑 그 많은 아이를 어떻게 다 키우셨대? 한 명만 키우기도 힘드실 텐데 혼자서 어떻게 네 명이나 키우셨대?"

어머니가 대답했다.

"그러니까. 고생이 너무 많으셨지. 그 시절엔 자식들을 버리고 도망가는 사람들도 많았는데, 엄마는 운 좋게도 잘 먹고 잘 자랐지. 할머니는 엄마가 하고 싶은 거 정말 다 해주셨어. 그만큼 생활력도 강하셨고, 그렇게 열심히 사셔서 지금 관절도 아프신 거지. 이빨이 없어 음식을 못 씹으시잖아. 이번에 엄마가 내려가서 치과 모시고 가려고."

할머니는 그 시절 젊은 나이에 새벽 일찍 일어나 네 명이나 되는 자식들의 밥을 다 해놓는 것으로 하루를 시작하셨다고 한다. 그런 뒤에 먹고 살기 위해 일을 하러 나가셨다. 고추와 마늘을 팔아 자식들을 키우셨다고 한다.

그렇게 할머니는 내가 우리 엄마를 만나게 해주셨다.

엄마는 집안일부터 바깥일까지 못 하는 게 없는 슈퍼맨이다. 요리면 요리, 청소면 청소, 못 하는 게 없다. 온종일 일하면서도 강아지를 돌보고 집안일까지 하는 모습을 보면 슈퍼맨이 따로 없다. 몸이 아플 때도 우리를 위해 든든하게 집밥을 해주신다.

어린 나이에 결혼해 나를 낳고 고생을 많이 한 엄마의 모습이 상상되었다. 집을 나가셨지만 그럼에도 지금의 내가 존재하는 것을 보면 아버지에게도 감사를 전하고 싶다.

나도 훗날 아이의 아빠가 될 텐데, 우리 엄마와 아빠가 나를 키웠던 것처럼 내가 내 아이를 잘 키울 수 있을까? 남은 생애를 끝까지 둘만을 사랑하며 자식만을 위해 희생하며 평생을 살아갈 수 있을까?

자식들은 때때로 짜증과 화를 내지만 부모님들은 알

면서도 받아주신다. 무조건적인 사랑으로 품어주신다. 물론 안 그런 부모님들도 있겠지만. 그 부모의 마음은 부모가 되어 봐야 알 수 있을 것이다.

반대로 자식도 부모를 품어야 한다. 아직 다행히도 나는 어머니 덕에 잘 살아가고 있다.

평소에 무뚝뚝하고 표현을 잘하지 못했지만, 엄마에게 하고 싶은 말이 있다.

"엄마, 내 곁에 있어 줘서 고마워. 그리고 사랑해. 앞으로도 건강하게 곁에 있어 줘."

Part 2.

예상치 못한 쉼표,
삶의 방향을 바꾸다

나를 회복시켜 준 글쓰기

　돈이 필요해서 휴학을 했을 때의 일이다. 알바생이 아닌 직원으로 일을 하려 나름 계획을 세웠다. 휴학을 하고 1년 동안 직원으로 일을 해서 생활비를 모아, 다시 학교에 돌아갔을 때 여유 있게 다니고 싶었다. 먹고 싶은 건 먹고 싶었다.

　그러나 마음만 앞설 뿐이었다. 간절함이 부족해서인지 1년 동안 알바만 했다.

　그렇게 1년이 지나 다시 학교에 돌아오자 1학년 때 봤던 동기들은 군대에서 제대해 돌아왔고, 그들은 1년을 잘 버텨 졸업을 했다.

나는 대학교에 다니던 때부터 의문이 들었다.

"대학교를 꼭 나와야 하나? 내가 원하는 학과도 아니고 전문대를 나오는 게 의미가 있을까?"

중간에 부모님께 자퇴하고 싶다고 말했더니, 학자금과 생활비 대출도 빚인데 나중에 어떻게 갚냐고 되물으셨다.

"그래도 고졸은 안 돼. 전문대라도 나와야 취직할 수 있어."

"그런 게 뭐가 중요해? 내가 원하는 학과도 아니고, 졸업해도 관련된 일을 할 것도 아닌데. 나중에 빚은 누가 갚아."

불만이 가득했던 당시 학교에 다니기도 졸업하기도 싫었다. 그랬던 내가 간신히 졸업했다.

대학 자퇴 문제로 의견 충돌이 생겼을 때, 부모는 자식을 이길 수 없지만 자식도 부모를 이길 수 없다는 것을 알게 되었다. 부모님의 의견을 꺾지 못하고 졸업하니 부모님은 안도하셨다.

　드디어 학교는 끝이구나 싶었지만, 이제 사회생활 시작이었다. 친구들은 하나둘 사회생활을 시작했다.

　난 예상대로 전공은 살리진 못했고 백화점 일을 지원하게 되었다. 그때 백화점은 지원하는 즉시 연락이 왔다.

　백화점에서 근무하다 사람 상대하는 일에 지쳐갔다. 주변에서는 나를 걱정하는 이들이 있었다.

　"왜 그렇게 끈기가 없냐? 1년 만이라도 좀 해봐. 네 성격상 사무직 일을 해보는 게 어때?"

　아버지도 물으셨다.

　"신일아, 너는 왜 시작하면 끝을 못 보냐?"

　분명 나를 위한 걱정이었겠지만, 나는 내가 수치스러웠다.

　'왜 나는 뭘 해도 1년을 넘기지 못할까?'

　이 생각에 빠져 자책하고 있었다.

그러다 아버지 말씀에 눈이 커졌다.

"예전에 글을 써서 방송에 출연한 적이 있었잖아. 너는 글을 쓰는 재주가 있는 거 같아. 일기부터 시작해서 글을 써보는 게 어떨까? 나중에 신문기자를 해보는 것도 좋고."

처음에는 이게 무슨 뚱딴지같은 소리라고 생각했으나, 곰곰이 생각하는 시간이 길어졌다.

형편이 나아져 가족이 다 같이 한집에서 살던 시절, 그때부터 매일 글을 쓰기 시작했다.

심적으로 힘들었기에 스스로에게 위로가 되는 말을 적으며 마음 안에 있는 것들을 토해내기 시작했다.

당시 이기주 작가님과 글배우 작가님이 유명했다. 나도 저렇게 될 수 있을 거라는 희망을 품었다.

2년 정도 글을 쓰면서 책을 내는 것이 얼마나 힘든지, 그리고 책을 내는 것과 그 책이 베스트셀러가 되는 건 별개라는 것을 알게 되었다. 인지도를 쌓는 것이 얼마나 힘든 일인지를 뼈저리게 느꼈다.

그럼에도 여전히 나의 유일한 희망이자 내가 가장 애정하는 일은 글쓰기다. 지금 글을 쓸 수 있다는 현실에 너무 감사하다. 나를 위한 축복이라고 생각한다.

글로 나를 표현하고 그로 인해 성장하게 된다는 것이 얼마나 행복한 일인지 모른다.

그래서 글을 쓸 수 있게 동기를 유발하고 관심을 준 이들에게 감사하다는 얘기를 하고 싶다.

아버지가 내게 글쓰기를 제안하지 않았더라면 나는 아직도 현실에서 방황하고 있을 것이다.

지금처럼 마음이 단단해지고 성장할 수 있었던 이유도 꾸준히 글을 써왔기에 도움을 받았다고 생각한다.

그동안 마음속에 쌓인 응어리들이 많은 사람이라면, 주변 사람들에게 받은 상처를 표현하지 못해 억압받은 사람이라면, 조금 더 자신 있게 표현하는 사람이 되고 싶은 사람이라면, 어떤 글이라도 좋으니 노트를 펼쳐서 하고 싶은 말을 적어 보자. 원망하는 이에 대한 욕도 좋다. 그렇게 내 안에 쌓인 것을 푸는 것이 먼저다.

꾸준히 쓰다 보면 지금보다 성장한 자신과 마주하게 될 것이다. 그리고 어떤 것이든 꾸준히 하다 보면 분명 기회가 올 것이다.

또한 지금보다 더 나은 사람이 되어 있을 테니, 부디 멈추지 마라.

쉬어가도 된다. 다만 포기하지 마시라.

멈추지 않는다면 분명 한 번쯤은 기회가 올 것이다.

그러니 애정하는 일이 있다면 천천히 가더라도 꾸준히 하시기를 바란다.

결과가 중요한 이들에게 과정은 의미가 없을 수도 있다. 하지만 절대 시간을 헛되이 보내는 일이 아니다. 애정하는 일 계속하시기를 바란다. 분명 후에 무언가 얻는 것이 있을 것이다.

버티다 보면 끝은 달라질 수 있어

페이스북에서 글배우 작가님의 피드를 보고 대학로 마로니에 공원에 가서 방송을 타게 된 적이 있다.

방송에 나오고 한창 들떠 친구들에게 자랑했다. 연예인들과 사진 찍었다고 호들갑을 떨었다.

그 일을 계기로 나도 글로 유명해지면 어떨까 하는 상상을 했다. 많은 사람들에게 공감을 불러일으키는 소재가 무엇일지도 고민해 봤다.

주변에선 방송으로 들뜬 내게 역으로 다른 반응을 보였다.

"글을 쓰면 돈은 얼마나 돼?"

"돈도 안 되는 일을 뭐 하러 해?"

"일을 해서 자리 잡아야지."

나를 걱정해 주는 말과 동시에 현실적인 충고를 던지던 이들이 있었다. 마음이 흔들렸지만, 굳은 신념은 꺾이지 않았다. 생각해 보면 그들도 평범한 직장인일 뿐이었다.

"꼭 돈이 되어서 글을 쓰는 것이 아니고 좋아하니까 쓰는 거야."

"다들 하지 말라고 해도 내 마음이 원하니까 글을 쓰는 거라고."

나를 이해하지 못하는 친구들이 서운했다. 돌이켜보면 그들의 오지랖이 아니었을까? 내 인생을 그들이 대신 살아줄 수는 없기에 굳이 그런 말을 받아들일 필요는 없었고 흘려들으면 그만이었다.

삶은 스스로 선택하고 선택에 대한 책임은 내가 져야 한다는 것을 안다. 그러나 가족들, 친척들까지 모두 나를 걱정하고 좋게 보지는 않았다.

나는 오기가 생겼고 글을 좋아하는 마음 하나만으로 지금까지 써왔다.

그렇게 11년이 넘는 시간이 지났다.

코로나가 터지고 나이를 먹으면서 현실적인 걱정이 점점 들었다. 꽃꽂이 과정을 배워 온라인 사업을 시작했다. 겁도 없이 큰 금액을 대출받았는데, 온라인 사업은 결국 폐업하고 대출금은 빚으로 남았다. 학자금을 포함해 갚아야 할 돈이 3천5백만 원 정도였다. 그러자 열등감에 빠져 버렸다. 이전처럼 새로운 것에 도전할 용기가 없었다.

변하지 않은 건 여전히 계속해서 글을 썼다는 것이다.

더 지체하다가는 일을 구할 수 없을 거 같아 취업센터에 가서 사회복지사 일을 구해 달라고 도움을 청했다. 담당자는 사회복지가 아닌 직업상담 기관에 연계해 그쪽으로 취업을 시켜 주었다. 오래 다닐 만큼 좋은 회사는 아니었지만, 규모도 있고 좋은 사람들을 많이 알게 된 곳이다.

처음으로 가장 오래 근무하게 된 회사다. 1년을 채우지 못하던 내가 3년을 넘게 다녔으니 그곳에서 할 만큼 했다고 생각한다.

첫 월급을 받았을 때부터 카드값을 제외하고 대출받은 금액의 원금을 갚았다. 그렇게 2년 반 정도를 꾸준히 갚아 청산하게 되었다.

매번 월급이 들어오고 빠져나갈 때마다 허무했다. 누군가에게는 큰돈이 아닐 수도 있지만 나에게는 너무 버거운 빚이었다. 잠도 제대로 오지 않고 일하는 내내 부담감과 압박감은 떠나지 않았다.

빚을 다 갚고 해방되었지만 행복보다는 안도와 허무함이 더 크게 느껴졌다. 왜 그때 대출을 받았을까? 만약 돈을 모았더라면 3천만 원 정도는 통장에 있을 텐데 말이다.

장기근속을 해 1천2백만 원의 목돈을 받았다. 어머니에게 현금 2백만 원을 드리고 명품 가방을 사드렸다.

남은 돈은 치과를 돌아다니며 발품을 팔아 치아교정을 했다. 부정교합이고 비대칭이 있는 분이라면 아시겠지만, 열등감의 주된 원인이던 치아교정을 해서 어느 정도 자신감도 되찾았다.

힘든 시간이었다. 하지만 돌아보면 나를 무시했던 친구들 덕분에 온라인 사업을 시작했고, 잘 되기 위해 대출을 받았다. 빚을 갚기 위해 직업상담사 일을 할 수 있었다. 이쪽 경력도 쌓고 결국 빚도 다 갚았다. 물론 그러면서도 글쓰기는 절대 멈추지 않았다.

결과적으로는 여러모로 이전보다 상황이 좋아졌다.

힘든 순간은 누구에게나 찾아오지만, 끝까지 버티고 포기하지만 않는다면 이전보다 나은 삶을 살 수 있다는 믿음이 생겼다. 중간에 일을 그만두었더라면 지금까지도 남은 빚을 근근이 갚고 있었을 것이다. 끝까지 버티고 회사에 다녀 매달 빚을 갚아나갔다. 그리고 중간중간 힘들 때마다 글로 표현하는 것을 멈추지 않았다.

지금의 상황이 어렵더라도 포기만 하지 않는다면 달라질 수 있다. 삶은 이전보다 나아질 수 있다. 물론 거창하고 화려하게 바뀌지는 않더라도 분명히 나아질 수 있다.

힘든 시간을 견뎌내자 나도 희망이라는 걸 갖게 되었다. 그러니 포기하지 말고 계속해서 앞으로 나아갔으면 좋겠다. 분명 이전보다 많은 것이 달라지고 성장할 테니 말이다.

네잎클로버와 같은 치과

"신일아, 턱 좀 깎아야겠다."

부정교합으로 어릴 때부터 외모에 고민이 많았다. 남들과 달리 아랫니가 윗니를 덮은 상태였다. 아버지 친구인 치과의사분도 시기를 놓치면 턱이 더 자라나 양악을 해야 한다고 하셨다.

치아 구조로 웃는 것이 어색했고 외모에 신경 쓰던 때 스트레스가 심했다. 대학생 시절 치과에 갔으나 아랫니를 교정하면 오히려 더 나오게 된다며 윗니만 교정을 하게 됐다. 그때 했던 교정은 치아와 얼굴 변화에 전혀 도움이 되지 않았다. 지나고 보니 시간과 돈이 너무 아깝다.

30대로 접어들며 여전히 외모와 발음이 불만이었다. 목돈이 생기자 나는 고민 없이 치과를 여러 군데 돌아다니며 발품을 팔았다. 교정이 가능한 곳이 정말 있을까 확인하고 싶었다.

가는 곳마다 엑스레이를 찍고 상담을 했는데, 아홉 군데 중 여덟 곳은 이미 이전에 교정해서 공간이 없다며 양악과 함께 교정을 해야 한다고 했다. 금액도 무려 2~3천만 원 정도가 있어야 가능했다. 애초에 양악을 할 생각은 없었다.

지푸라기라도 잡자는 마음으로 근처 사거리에 있는 치과에 가서 교정 상담을 받았다. 이번이 진짜 마지막이라고 생각했다.

"다른 치과에서는 교정과 양악을 같이 해야 한다고 하는데, 교정만으로 부정교합과 비대칭을 해결하는 게 가능할까요?"

"네, 음……. 가능할 거 같습니다."

그때 얼마나 기분이 좋던지 나에게는 꿈만 같은 말씀이었다.

그렇게 지금까지 교정을 진행 중이고 위아래 배열과 얼굴 형태가 많이 바뀌었다.

그 치과 의사 선생님의 실력은 내가 보장할 수 있다. 아무도 할 수 없다고 했던 치료를 가능하게 해주셨기 때문이다. 마지막 치과를 방문하지 않았더라면 지금도 치아 때문에 불만을 품고 있었을 것이다. 다시 생각해도 정말 감사한 일이다.

마찬가지로 글을 쓰는 작가여도 소재와 글맛이 모두 다르다. 한 분야에서 실력 있는 사람이란 상대가 필요한 부분을 채워줄 수 있는 사람이 진짜 실력 있는 사람이라는 생각이 들었다.

많은 사람을 만족시켜 주는 것도 중요하지만 다들 할 수 없다고 할 때 할 수 있다는 말 한마디가 나 같은 사람에게 정말 큰 기쁨을 준다.

글도 그렇지 않을까?

많은 사람에게 공감과 위로를 주는 것도 중요하지만 한 사람에게라도 필요한 부분에 있어 위로가 된다면 그 또한 글을 잘 쓰는 것이 아닐까 싶다.

사람이 원하는 바를 모두 다 이룰 수는 없겠지만, 되는 데까지 시도해 본다면 마치 네잎클로버를 찾아내는 것처럼 행운을 발견할 수 있지 않을까? 포기하지 않고 끝까지 문을 두드린다면 어느 순간 열려있는 문을 발견할 수 있지 않을까?

우리의 인생이 보잘것없어 보이고 앞날이 깜깜할 때에도 계속 두드리고 도전해 보자.

다들 교정이 안 된다고 했을 때 된다고 대답해 준 의사 선생님을 만난 것처럼.

아픕니다, 마음이

　고등학교를 졸업할 때 수능도 치르지 못한 채 처음으로 병원에 가 병을 진단받았다. 몸이 아닌 마음의 병이었다.

　지금 진단받았다면 충격이 컸겠지만, 그때의 나는 별로 대수롭지 않았다. 단지 매일 먹어야 하는 약으로 졸린 것, 쉽게 살이 찌는 것이 스트레스였다. 하지만 사람들 앞에서 꼬리표를 달고 살아야 한다는 생각, 남들에게 이상한 사람으로 보일 수 있다는 생각, 아무도 모르게 숨기고 살아야 한다는 생각에 수치심과 자격지심을 갖고 살았다.

처음에는 아무렇지 않다가 10년간 달고 사니 정말 고통스러웠다. 그 긴 시간을 어떻게 버텼나 싶다.

신은 견딜 수 있는 고통만 준다는데, 나는 왜 내 고통을 견딜 수 없는 건지, 도대체 내가 무엇을 잘못했기에 이런 병을 감당해야 하는 것인지 화가 났다.

마음이 아프니 방법이 없었다. 전문가는 마음의 병을 감기처럼 생각하라는데, 너무 버겁고 고통스러웠다. 겉으로는 멀쩡해 보여도 떳떳하지 못하고 하자가 있는 사람이란 생각을 하고 있었다.

평범해 보이는 사람들이 부러웠다. 밖에서 환하게 웃고 있는 이들이 부러웠다. 항상 어두운 표정과 긴장으로 살던 나는 평범하게 사는 것이 꿈이었다.

20대 중반, 마지막으로 답이 없으면 더 이상 살 의미가 없다고 생각하고 근처 상담센터에 가서 상담을 받기 시작했다.

4년 정도 상담을 받고 병원에 가서 재검을 하니 진단

받은 병이 완치되었다는 판정을 받게 되었다. 지금 생각해도 완치가 된 것은 기적에 가깝다.

처음엔 어쩔 줄 몰라 가족들에게 전화하고 친한 사람에게 전화해 소식을 알렸다.

"너무 축하해, 그동안 너무 고생 많았어. 정말 잘됐다. 그동안 얼마나 힘들었을까?"

누구보다 축하해 주는 이들의 말에 더 기뻤다.

이제 병으로부터 자유로워져 평범한 사람이 되었다는 생각에 너무 기뻤다. 그때부터 좀 더 많은 것에 도전하고 스스로에게 떳떳해지기 시작했다.

그 기쁨도 잠시 구직활동을 위해 취업센터 근처를 길을 걷는 도중 갑자기 어지러워졌다. 당시 이런저런 일로 스트레스가 많았을 때다.

전철을 타기 전 이동하는 통로를 지나가는데 많은 사람들 틈에서 숨이 턱턱 막히기 시작했다.

처음에는 컨디션이 안 좋거나 별일 아니겠지 싶어

그냥 넘어갔다.

그러다가 계속 이런 느낌을 받다 보니 신경이 쓰이기 시작해 병원에서 진료를 받았다. 귀에 문제가 있나 싶어 이비인후과를 방문하고 건강검진까지 했으나 아무런 이상이 없었다.

오랜만에 정신의학과를 방문해 이 부분에 관해 이야기를 하니 의사 선생님은 한번 재검을 해보자고 권유하셨다. 긴장은 했지만 설마 뭐 있겠나 싶었다. 검사를 한 후 진료실에 들어가자, 의사 선생님께서 검사 결과를 얘기해주셨다.

"공황장애 초기시네요."

"네? 그럴 리가요."

청천벽력 같은 소리였다. 믿을 수가 없었다. 아니, 믿기 싫었다. 10년 동안 병원에 다니며 완치가 되었는데 얼마 되지 않아 또 다른 병을 진단받다니. 충격에 빠져 아무것도 할 수 없었다.

"엄마, 아빠. 나 공황장애래."

"뭐라고?"

부모님은 내 마음 상태보다 이 병이 어떤 병인지를 궁금해하셨다.

나는 또 한 번 좌절하고 무너졌다. 하지만 이미 비슷한 경험이 있어서인지 충격은 오래가지 않았다. 1~2년 정도 휴식을 갖고 정신을 바짝 차려야겠다고 생각했다.

이제는 마음의 병을 그냥 친구처럼 생각하고 덜 신경 쓰려고 노력한다. 일을 할 때 마음이 맞는 사람들과 친해져 술도 마시며 속 얘기를 터놓은 적이 있는데, 나와 같은 병을 가진 사람도 있었고, 나만 이런 게 아니라는 생각에 위안을 받았다.

"그래, 공황장애가 좀 있으면 어때. 연예인들도 걸리는데, 그냥 살아 가는 거지."

10년 동안 이보다 더한 병을 앓고 힘들었다 보니 이젠 극복할 수 있을 것 같았다.

"그냥 생긴 대로 살자. 내 마음이 힘들고 아픈 걸 어떡하겠어?"

이전에 싫었던 내 모습도 나고 지금의 모습도 나이니 그냥 모든 모습이 나라고 인정하기로 했다.

마음의 병을 가진 이들이 너무 낙심하지 않기를 바란다. 걸리고 싶어서 걸린 게 아니고 무언가 잘못해서 걸린 것도 아닌, 마음이 너무 아프고 힘들어 쉼이 필요하다는 것을 알려주는 신호라고 생각하자. 너무나 많은 스트레스에 노출되거나 감당할 수 없는 일들에 충격을 받아서일 수도 있다.

원치 않았지만 나도 모르게 걸리는 것이니, 마음이 아픈 건 당신 잘못이 아니라고 말해 주고 싶다.

몸도 마음도 아프고 싶은 사람이 어디 있겠는가. 단지 남들보다 조금 더 빨리 마음이 아프다고 신호를 보냈을 뿐이다.

스스로 자책하거나 주눅 들지 말고 당당하게 살아갔으면 한다. 지금 당장 할 수 있는 일에 집중해 하루를 보냈으면 한다.

 소통 전문가로 여러 방송 활동을 하는 김창옥 강사는 마음의 안정을 찾기 위해 제주도로 떠났을 때 해녀 일을 배웠는데, 숨을 참는 것만큼 숨을 쉬는 게 중요하다는 것을 깨달았다고 한다.

 김창옥 강사는 해병대에 입대했을 때 매일 같이 폭행을 당하다 도망치지도 못하고 참고 참다 응급실에 실려 간 적이 있다고 말했다.

 제대 후 시간이 지나도 공황 증세가 심해져 답답한 곳에 가면 숨을 쉬기 어려워지고, 비행기를 타면 내려 달라 하고 싶을 정도로 심한데, 유명한 강사로 알려지니 더 힘들어졌다고 한다. 남에게 힐링을 주지만 정작 본인의 아픔은 말할 곳이 없기에 얼마나 외로웠을까? 얼굴이 알려진 사람으로서 여러 가지 복잡한 감정이 들었을 것이다.

 그는 '소통 전문가 김창옥'으로 살아왔지만, 진짜 김

창옥의 표정으로는 살아오지 못했다고 고백했다.

마음의 병이 있든 없든 우리가 지금까지 잘 살아왔다는 것만은 분명하다. 앞으로도 스트레스를 덜 받고 하고 싶은 것을 하며 잘 살아가는 것이 중요하다.

행복은 별것이 아니다. 맛있는 것을 먹고 사랑하는 사람들과 함께 시간을 보내기. 혼자 있는 시간에 잘 쉬기. 잠 잘 자기. 좋아하는 것을 하기.

오늘 아무 일이 일어나지 않는다고 생각한다면, 따분하거나 심심한 게 아니라 평범하고 감사한 하루가 아닐까? 그 평범한 일상을 누군가는 간절히 원하고 있지 않을까?

작은 일상과 소박한 것에 감사하며 오늘도 숨을 쉬고 살아있음에 감사해 보자.

앞으로 더 잘되려고 그러는 것이다.

앞으로 더 좋은 일이 생기려고 그러는 것이다.

"나도 그냥 똑같이 평범한 사람이구나. 단지 마음이 조금 아플 뿐이구나."

다들 누구나 한 번쯤은 아플 수 있다. 주변에 있는 아픈 사람을 선입견 없는 시선으로 바라보기를 바란다.

내가 아팠을 때 알게 될 것이다.

"그때 내가 왜 그랬을까."

"남 일이 아닌 내 일이 될 수도 있구나."

그러니 지난 과거에 얽매여 계속해서 좌절하고 슬퍼하기보다 새롭게 시작한다는 마음으로 오늘도 나를 위해 살아가자.

너무 낙심하지도 말고 슬퍼하지도 말자.

오히려 마음이 신호를 보내서 알게 된 것이 다행이라고 생각해 보자. 몰랐더라면 언제 어디선가 어떤 방식으로 터질지 모르니 차라리 잘되었다고 생각해 보자.

서툴지만 진심으로

첫 책을 출간하고 나서 책방 사장님에게서 북토크 행사를 제안받은 적이 있다. 저자로서 좋은 경험이 될 것 같아 나는 하겠다고 대답했다.

참석할 사람을 직접 모집해야 한다는 게 내게 주어진 숙제였다. 어떤 내용을 전해야 할지, 어떻게 PPT를 만들고, 어떻게 말해야 할지 고민했다.

객관적으로 볼 수 있도록 내가 말하는 모습을 촬영한 뒤 계속해서 보고 고칠 점이 무엇인지 연구했다. 말하는 톤이나 속도, 목소리, 표정, 자세 등을 유심히 관찰했다.

처음에는 동영상에 찍힌 내 모습이 어색하고 낯간지러웠지만 점점 편하게 볼 수 있었다. 영상에서 고칠 점을 찾아 조금 더 여유 있고 편안한 모습으로 연습했다.

북토크 행사 당일, 놀기 좋은 저녁임에도 시간 내서 와 주신 한 분 한 분이 감사했다. 조용한 분위기 속에서 준비한 내용을 말하며 진행했다.

처음이라 얼마나 떨리던지, 시간은 왜 이렇게 안 가던지……. 초조했지만 최대한 티를 안 내려고 노력했다.

내게 주어진 시간은 40분이었다. 그런데 시간을 맞추지 못해 고작 15분 만에 내용을 다 전달했다. 강연을 마친 뒤 시간이 너무 많이 남아 당황했다.

질의를 받는 시간이 있었는데 어떻게 책을 낼 수 있는지를 질문하신 분도 있었고, 감사일기에 관하여 궁금해하는 분도 있었고, 다음은 어떤 주제로 책을 낼 것인지 궁금해하는 친구도 있었다.

독자 중에 지인들이 있었는데, 그저 와주신 것만으로

도 고마웠다. 생각보다 말을 잘해서 놀랐고 떠는 모습이 안 느껴졌다면서 본업을 할 때 가장 멋있다고 칭찬해 주었다.

책을 읽고 마음이 너무 아팠다며 지금까지 살아줘서 고맙다고 눈물을 흘리던 지인도 있었다.

진심이 너무 와닿았다며 공감을 많이 했다고, 앞으로도 응원한다는 지인도 있었다.

북토크를 조금 더 열심히 준비해서 도움 되는 내용을 전달할 수 있었으면 좋았을 걸 하는 아쉬움이 남았지만 정말 감사한 시간이었다.

결혼식 사회를 보는 사람이나 많은 사람들 앞에서 얘기하는 사람들을 떠올리며 대단하다는 생각이 들었다. 연습을 많이 했음에도 행사 때 준비한 만큼 잘되지 않는다는 것을 알았다.

말을 잘하기 위해서는 순발력과 재치가 있어야 하겠지만, 중요한 건 진정성이 담겼느냐의 차이일 것이다. 상대에게 전달되고 느껴지는 정도가 다를 것이다.

너무 잘하려는 모습보다 서툰 모습조차도 자연스러울 수 있고 진정성을 담아 말하는 모습이 누군가에게는 감동과 위로로 전달될 수 있다는 것을 알게 되었다.

누군가 보기에 별거 아닐 수도 있지만 북토크를 해보고 안 해보고의 차이는 경험에서는 차이가 있다고 생각한다.

오신 분들에게 다시 한번 감사드리며 기회가 있다면 다시 뵐 수 있으면 좋겠다는 생각으로 잘 마무리할 수 있었다.

지금 쓰는 이 책을 통해 또 어떤 독자들을 만나고 또 어떤 기회들이 찾아오게 될까. 그때는 조금 더 자신 있는 모습으로 맞이할 것 같다.

신인 작가인 내게도 이런 기회가 온 것처럼, 당신에게도 앞으로도 많은 기회가 찾아올 거라 믿어 의심치 않는다. 그리고 어떤 식으로든 기회는 당신을 성장시킬 것이다.

우리에게 필요한 건 도파민이 아닌 세로토닌

지금은 도파민 시대라고 해도 과언이 아니다. 도파민은 너무 많아도 문제고, 너무 적어도 문제라고 한다.

최근 '윙'이라는 가수의 '도파민'이라는 곡을 들었다. 차원이 다른 비트박스로 모든 소리를 입으로만 내는데, 집중하지 않을 수 없었다. 제목처럼 정말 들으면서도 스트레스가 시원하게 날아가는 느낌이 들었다.

유튜브, 넷플릭스에서 많은 콘텐츠들이 자극적으로 사람을 흥분시켜 순간 집중하게 만든다. 우리는 점점 더 자극적인 것에 중독되어 어느새 도파민 중독시대에 살고 있다.

도파민 중독시대에서 우리에게 필요한 것은 어떤 것에 몰입할 수 있는 무언가와, 단체 운동처럼 땀을 흘려 그 순간에 생각할 수 없도록 해주는 운동이다.

정신의학계 권위자이자 많은 책을 펴내기도 한 이시형 박사님은 우리는 세로토닌의 분비가 필요한 시대에 살고 있다고 말한다.

평소에 혼자서 운동, 독서, 취미활동 같은 것을 할 때 유독 따분함을 느끼는 것이 사실이다. 도파민이 분비되지 않거나 과다 분비되면 뇌에 문제가 생겨 병원을 찾아야 할 수도 있다고 한다. 폭력적이고 선정적인 것은 뇌를 속이기에 점점 더 자극적인 것을 찾게 된다.

이럴수록 우리는 도파민이 아닌 마음의 여유와 평안을 찾아야 한다. 행복 호르몬이라고도 불리는 세로토닌이 필요하다.

예를 들면 땀을 흘릴 수 있는 운동을 한다든지, 악기

를 연주한다든지, 요리를 하는 등 몰입할 수 있는 것을 통해 집중력을 높여야 한다.

우리는 확실히 집중력 저하 시대에 살고 있다. 스트레스에 취약한 사람들이 점점 많아지기 때문일 것이다.

운동은 이제 몸과 마음의 건강을 위해 꼭 해야만 하는 필수 요소로 자리 잡고 있다.

인스턴트 음식이 식생활의 대부분이 된 우리에게 건강한 식재료도 중요하다.

당장에는 눈에 보기 좋고 듣기 좋은 말들이 나의 뇌를 망치고 있다면 어떨지 한번 생각해 보자. 단기적으로는 좋을지 몰라도 장기적으로 봤을 때 치명적일 수 있다.

도파민 중독시대에 살고 있는 우리에게 세로토닌이 필요하다.

오늘부터라도 귀찮을 수 있겠지만 땀을 흘려 운동도 해보고, 읽고 싶은 책도 읽어보고, 감사한 것을 찾아 일기를 써보자.

계속 미루고 미루다 보면 시작하기 어렵다. 시작이 반이라는 말처럼 오늘부터 바로 시작해 보자.

꾸준히 하다 보면 세로토닌이 분비되어 기분이 좋아질 것이다.

그렇게 기분 좋은 하루를 보내보자.

이제는 자기관리를 하지 않고는 건강한 방향으로 나아갈 수 없는 외부의 유혹들이 너무 많아졌다.

그러니 잠깐의 달콤하고 자극적인 것에 빠지기보다 조금 고통스럽고 지루하더라도 하고 나면 성취감이 드는 경험을 많이 해보자.

나부터 나를 챙겨 주기로 하자

 이전에 했던 일은 급여는 적었지만, 청년들을 취업시켜 주고 도움을 주는 것에 보람을 느꼈다.

 일대일 대면상담을 하면서 다양한 사람들을 만나며 그들에게 많은 것을 배웠다. 하지만 그만두고 싶다는 마음이 올라왔고 더 이상 국가 관련 사업은 하고 싶지 않다는 생각이 들었다. 사람마다 다르겠지만 나에게는 맞지 않았다. 번아웃이 온 상태여서 다양한 사람들을 상대하기가 쉽지 않았다.

 특히 안 되는 걸 해달라고 요구하는 사람들을 상대하는 건 정말 쉽지 않았다. 규정상 센터에 방문해야 하는데, 방문한다고 해놓고 당일에 여러 번 약속을 취소하는 사람도 있었다. 여쭤보니 핑계를 대다 오히려 성을 내고 말을 함부로 하기도 했다.

민원이 들어오면 회사에 타격이 있었기에 조심했지만, 누가 봐도 무례해서 견디기 힘든 사람들이 있었다. 민원이 뭐길래 이렇게까지 참아야 하나 싶었다.

일을 그만두고 싶도록 자극한 일이 있었는데, 주말과 공휴일에 카톡 하는 사람들이다.

나는 퇴근한 뒤엔 크로스핏장에 가서 땀을 쫙 빼서 힘든 하루를 마무리하고, 다음 날 새벽에 일어나 다시 새로운 하루를 시작하곤 한다. 프로필 창에 쉬는 날에는 연락을 자제 부탁드린다고 써놨지만, 그들에게 그런 걸 기대하기란 어려웠다. 왜 평일에 연락을 안 하고 꼭 쉬는 날에 연락하는 건지 묻고 싶었다.

일할 때를 제외하고는 일 생각을 안 하는 내가 쉬는 날에도 일을 생각하며 많은 카톡으로 스트레스를 받았다.

몸은 집에 있지만 뇌는 퇴근도 쉬는 날도 없었다.

정말 몰라서 새벽이든 주말이든 공휴일이든 연락하는 것인지, 아니면 본인이 우선이고 지금 안 보내면 불안하기에 보내는 것인지 궁금했다.

더 이상 국가 관련 일은 하지 말아야겠다고 생각했다. 남을 취업시켜 주고 진로 상담을 해주기 전 나부터 먼저 살아야겠다고 생각했다. 나도 죽어가는데 내가 누구의 진로를 고민해 주고 취업을 시켜 준단 말인가?

나도 앞으로 무엇을 해서 돈을 벌어야 할지 모르겠는데 남들의 진로 선택에 어떻게 도움을 준단 말인가?

더군다나 배려받지 못하는 상담사로 일하는 게 무슨 의미가 있다는 말인가.

이른 아침 일어나 새로운 시작이 아닌 방향을 바꿔 새로운 인생을 살기로 마음먹었다. 배려받지 못하는 사람들 틈에서 나를 먼저 챙기기로 했다.

물론 좋은 참여자들도 많아서 지금도 기억나는 분이

여럿 있다. 내가 계속 다니도록 해준 사람들이다.

이러한 경험들이 절대로 헛되지 않고 양분이 되어 내가 새로운 일을 하거나 다른 경험을 할 때 도움이 된다고 믿는다.

당신이 다른 것을 할 때 이전 경험이 도움이 될 것이니 절대로 헛되게 보냈다고 생각하지 않았으면 좋겠다.

헛된 시간과 헛된 경험은 하나도 없다.

훗날 다 양분이 되어 도움이 될 것이다.

내가 무엇을 좋아하는지 잘하는지 모르겠고 진로를 결정하려고 고민하는 사람이 있다면 급하게 생각하지 말고 천천히 작은 것부터 도전해 보시라.

처음에는 빠르게 일을 구해 시작하는 것이 좋을 수도 있지만 장기적으로 봤을 때는 제대로 정해 오랫동안 근무하는 것이 좋을 것이다.

그러니 조급해하지 말고 천천히 생각해 보고 여유 있는 마음을 가지도록 해보자.

지금까지 해온 것 중 헛된 것은 하나도 없다.

사람마다 일을 하는 시기가 있고 직종을 바꾸는 때가 있는 것이다.

실행보다 중요한 것은 마음

"죽는 날까지 하늘을 우러러 한 점 부끄럼이 없기를, 잎새에 이는 바람에도 나는 괴로워했다. 별을 노래하는 마음으로 모든 죽어가는 것을 사랑해야지. 그리고 나한테 주어진 길을 걸어가야겠다."

윤동주 시인의 '서시'를 가장 좋아한다. 자신을 부끄럽게 돌아보게 하는 시다. 시를 읽으면서 윤동주 시인의 삶에 대한 의지와 사랑을 실천하고자 하는 마음을 엿볼 수 있었다.

과연 나는 누군가를 도와주며 살아왔는지, 그리고 누군가를 도우면서도 마음속에서 좋은 마음을 가지고 행해 왔는지 돌아봤다.

실제로 누군가를 해하진 않았지만, 마음속에서 얼마나 많은 사람들에게 안 좋은 마음을 품고 살아왔는지 얼마나 그것을 의식하지 못하며 살아왔는지 반성하게 됐다.

죽어가는 나 자신의 영혼부터 깨끗해져야 함을 다시금 느낀다. 그래야만 다른 이들에게 선한 마음을 전달할 수 있기 때문이다.

타인에게 선한 영향력을 전해주는 사람이 되기 위해 앞으로도 갈 길이 멀기만 하다. 타인에게 도움을 주지는 못할지라도 안 좋은 영향을 전해주고 싶지는 않다.

이처럼 선한 일을 행할 때는 그 안에 담긴 마음이 중요함을 느낀다.

만약 내가 계단에서 무거운 짐을 올리지 못하시는 어르신을 도와주는데, 마음속으로 정반대의 마음을 가지고 있다면 얼마나 행실과 마음이 일치하지 않는 일인가. 그런 마음이라면 도와주지 않는 것만 못하다고 생각한다.

  그러니 말과 행실이 일치할 수 있도록 자신의 마음에 솔직해져 보고 마음이 원할 때 행동을 움직이도록 해보자.

  선한 일을 행하는 것도 중요하지만 그보다 중요한 것은 그 안에 담긴 마음일 것이다.

돈으로 못 사는 지혜

부모님이 갈라서신 이후 어머니는 심적으로 많이 힘드셨는지 몸이 편찮은 곳이 많아지셨다. 아버지한테 화가 나고 원망스러웠지만 곁에 없는 존재라 생각하고, 이제는 어머니를 지켜야 한다는 생각뿐이었다.

어느 날 퇴근하고 집에 돌아오는 데 어머니가 심각한 표정으로 나를 부르셨다.

"잠깐 앉아봐. 할 얘기가 있어."

어머니는 잠시 망설이다 말씀하셨다. 그리고 어렵게 한마디를 토하듯 내뱉으시고는 복받친 듯이 울기 시작하셨다.

"나 위암 초기래."

나도 충격을 받았다. 갑자기 이게 무슨 일이지? 우리 엄마가 이대로 곧 돌아가시는 건가? 어쩌다가 위암에 걸리셨을까.

곧바로 인터넷에 검색해 원인과 치료 방법을 찾아봤다. 그나마 초기여서 다행이었다. 어머니가 수술 날짜를 잡아 동생과 나에게 병원에 같이 가달라고 하셨다.

병원 방문일이 되었다. 의사 선생님은 어머니의 위암이 초기지만 주변까지 퍼진 건지는 아직 알 수 없다고 말했다. 주변까지 다 퍼졌다면 초기라도 사망할 확률이 늘어나고, 위를 다 절개해야 할 수도 있다고 하셨다. 심각한 상태임을 알 수 있었다.

나는 교회 사람들에게 기도를 부탁했다. 단톡방에 500명 정도가 있었는데 거기에 기도 제목을 올렸다.

어머니가 돌아가시면 나와 동생뿐인데 어떻게 살아가야 할지 막막함과 두려움이 몰려왔다.

어머니는 자식들에게 빚을 남기진 않을지 걱정하시며 아픈 와중에도 보험금이 나오는지 알아보고 치료비 걱정을 하고 계셨다.

수술이 끝나고 마취가 덜 풀린 상태에서도 어머니는 치료비 걱정을 하셨다. 그런 말을 듣고 마음이 아팠다.

많은 분이 기도해 주시고 위로해 주신 덕분인지 다행히도 어머니의 수술이 잘 되었다. 우리는 그제야 안심할 수 있었다. 어머니가 걱정하시던 보험금도 잘 나왔다. 너무 다행이었고 긴장이 풀림과 동시에 마음의 짐이 내려가는 순간이었다. 사람마다 의지하는 것이 다르겠지만 나는 다시 한번 기도를 하며 눈물을 흘렸다.

"엄마, 너무 고생했어. 많이 힘들었지? 이제 아프지 말고 건강하자."

주변에서는 내 이야기를 듣고 이런 반응을 보인다.
"너는 인생이 참 롤러코스터 같다. 평범한 인생은 아닌 거 같아."

그런가? 어쩌면 내 삶도 정말 우여곡절이 많은 것 같다는 생각이 들었다.

살아온 날을 돌아보니 힘들었지만 어떻게든 잘 지나왔다. 위기의 순간도 기적처럼 해결되기도 했다. 그럴 때마다 살아갈 용기와 가족들의 소중함을 느끼게 되었다.

한 사람의 삶은 저마다 사연이 있듯 드라마 같은 삶을 살아가는 이들도 있을 테지만, 각자의 고난이 다 잘 지나갈 것이라고 믿는다. 문제가 생기면 시간이 걸리더라도 잘 해결될 것이라고 믿는다. 다 잘될 것이다.

평생 곁에 있을 거라 생각했던 가족을 잃을 뻔한 경험을 하니, 나에게 정말 소중한 것이 무엇인지 알게 되었다.

힘들었지만 잘 지나왔고, 잘 해결되었고, 돈 주고도 사지 못할 지혜를 얻었다.

5년 동안 1년에 한 번씩 병원에 어머니를 모시고 가

서 암이 전이되었는지 검진해야 하지만, 분명히 완치될 것이라고 믿는다.

나에게 가장 소중하고 중요한 것은 가족이라는 것을 다시금 깨달았다.

"엄마, 내 동생, 강아지 키미야. 우리 가족 모두 건강하고 아프지 말자."

긍정의 감사일기

　우연히 감사일기에 관련된 책을 접하고 나서 나도 감사일기를 쓰기 시작했다. 많은 기대를 하고 시작한 첫 감사일기는 나에게 큰 변화를 주지는 못했다. 이건 사람마다 개인차가 있을 것이다.

　대학생 때 20회 정도 무료로 상담해 주셨던 심리상담사분을 30대에 다시 만나게 되었다. 상담을 1년 정도 진행하다 선생님께서 서울을 떠나게 되신다는 소식을 듣고 마음이 아팠다. 선생님은 마지막에 나를 보며 우셨다. 그동안 나를 정말 사랑으로 대해 주셨구나 하고 다시금 느꼈다. 나에게는 정말 감사한 분이다.

기독교 심리상담소를 여셔서 토요일마다 방문하기로 했다. 선생님에게 연애 고민부터 스트레스 등 한 주에 있었던 일을 이야기하는 시간을 갖게 되었다.

선생님은 나에게 두 가지를 꾸준히 하라고 얘기해 주셨는데, 하나는 운동이고 또 하나는 감사일기를 쓰는 것이었다.

감사일기는 이전에 시작해 봤으나 몇 번 쓰다가 바로 접었다고 하자, 선생님은 몇 가지 조언을 해주셨다.

"쓸 때는 모르겠지만 생각보다 감사한 일이 많은 것을 알게 될 거예요. 처음에는 뭘 써야 할지 모르겠고 감사한 일이 생각나지 않을 거예요. 생각해 보면 우리가 지금 둘이 만나 얘기하는 것도 감사한 일이고, 책을 읽을 수 있다는 것도, 하늘을 볼 수 있다는 것도, 가족과 함께 점심을 먹을 수 있다는 것도 감사한 일이에요. 쓰다 보면 생각보다 감사할 일이 많을 거예요. 그렇게 하루에 3개씩만 적어 보세요."

집에 돌아온 나는 노트를 펴고 감사일기를 쓰기 시작했다.

1. 맑은 하늘을 보게 해주셔서 감사합니다.
2. 강아지와 엄마 동생이 건강하게 곁에 있게 해주셔서 감사합니다.
3. 아침에 엄마와 키미와 모닝커피를 마실 수 있게 해주심에 감사합니다.

이렇게 다시 시작한 감사일기를 꾸준히 쓰게 되어 지금까지도 쓰고 있고 하루에 3가지보다 더 많이 쓰게 되었다. 물론 가끔 귀찮을 때도 있지만.

행복은 거창한 것이 아니라 일상에 담긴 소박한 것이라는 것을 알았다. 생각도 점점 긍정적으로 바뀌게 되었다.

책을 쓰면서 지금까지 모아둔 감사일기를 다시 펼쳐 보았다. 물론 오그라드는 내용이 참으로 많았지만, 나에게 소중했던 것들을 다시 한번 만나게 되었다. 극복해 왔던 일, 잊고 있던 일을 떠올리게 되었고, 다시 한번 감사할 수 있었다.

'감사하게도 잘 지나왔구나.'

현실이 너무 힘들거나 막막할 때 감사일기를 써보는 것을 추천해 드린다. 배우 김우빈 씨는 데뷔를 하고 일이 잘 풀릴 때쯤 암에 걸려 시한부 판정을 받았다. 짧으면 6개월을 살 수 있다는 얘기를 들었다고 한다.

원래 그는 감사일기를 꾸준히 썼다고 한다. 암 투병 당시엔 다시 일을 할 수 있을까 하는 생각이 들었지만, 그런 와중에도 그 시기를 오히려 하늘이 자신에게 준 휴가라고 생각했다. 그동안 못 쉬고 바쁘게 지냈으니까, 이쯤에서 건강 한번 챙기라고 하늘이 주신 휴가라고 생각했다고 한다.

힘든 상황에서 이런 생각을 할 수 있는 게 대단하다. 워낙 긍정적인 성향이라지만, 감사일기를 꾸준히 써왔기 때문에 가능했던 것이 아닐지 생각했다.

김우빈 배우는 데뷔할 때부터 지금까지 감사했던 일들로 하루를 마무리한다며, 그는 감사일기가 당연하다고 생각했던 것, 우리가 놓치고 있는 것을 다시 돌아 볼 수 있게 도와준다고 했다.

감사일기를 쓰다 보면 좋은 점이 있다. 가장 큰 장점 몇 가지를 소개하자면 이렇다.

첫째, 긍정적인 마음을 키워준다.

둘째, 역경을 이겨낼 힘을 준다.

셋째, 대인관계를 개선해 준다.

넷째, 스트레스를 줄여준다.

여러 가지 장점이 있겠지만 쓰면서 느낀 점은 당연하다고 생각했던 일상을 당연시하지 않고 감사할 수 있다는 점에서 살아가는 데 도움이 된다는 것이다.

어려움과 힘듦을 겪고 계신 분이 있다면 자기 전 노트를 펼치고 감사일기를 한번 써보시면 좋겠다. (나는 감사일기 전도사는 아니다.)

우리 주변에는 감사할 것이 생각보다 많다는 것을 알 수 있다. 물론 크고 거창한 것일 수도 있지만 작고 소박한 것일 수도 있다. 다만 감사할 일이 있다는 것만으로도 우리의 뇌는 긍정적인 회로로 전환된다.

꼭 크고 거창한 것이 행복이 아니라 작고 소박함 속에서도 감사함과 행복감을 느낄 수 있다면 당신은 오늘도 내일도 앞으로도 잘 보낼 수 있을 거라고 믿는다. (다시 한번 말하지만, 나는 감사일기 전도사는 아니다.)

지금 글을 쓰고 있는 이 상황도 참 감사하다는 생각이 든다. 읽어 주시는 분이 있다는 것도 참 감사하다.

잠이 만병통치약

하루를 보내다 보면 유독 감정 조절이 안 되는 날, 예민한 날이 있다. 그날은 아무리 의식적으로 노력해서 감정을 조절하려 해도 도무지 짜증이 사라지질 않는다.

감정을 해소하기 위해 뭔가를 해보려 하지만 아무것도 손에 잡히지 않아 마음이 금방이라도 터져 버릴 거 같아진다.

그럴 때 억지로 뭔가를 하려 하기보다는 차라리 잠을 자야 한다.

신기하게도 잠을 푹 자고 나면 내가 왜 그랬을까, 그때 기분과 감정이 왜 그랬을까 하고 의문이 들 정도로 풀려버린다.

세계적인 신경과학자이자 수면 전문가인 매슈 워커는 《우리는 왜 잠을 자야 할까?》라는 책에서 충분한 수면을 확보하는 것이 중요하다고 말한다. 잠은 우리의 건강과 스트레스, 일상생활, 질병과 노화에 가장 중요한 영향을 미친다. 잠이 최고의 보약이라는 말이다.

그는 수면이 부족할 경우 뇌에 미치는 영향으로 집중력 저하와 기억력 감퇴를 말한다. 또한 심혈관 질환, 당뇨병, 비만, 심지어 암과 같은 문제와도 연관이 있다. 잠이 면역 체계를 강화하고 염증을 줄이는 데 중요한 역할을 한다.

잠을 자면서 꿈을 꾸게 되는데, 정서적 안정과 스트레스를 관리하는 데 도움을 준다고 한다. 매슈 워커는 수면 시간으로 하루에 8시간을 푹 자기를 권하고 있다.

수면 8시간, 지키기 어렵긴 하다. 잠을 푹 잔 날은 컨

디션 좋게 기분 좋은 하루를 보낼 수 있고 힘든 상황에서도 하루를 이겨낼 힘이 생기곤 한다.

반대로 잠을 몇 시간 못 잤을 경우 기분 좋은 하루보다는 짜증과 예민함이 올라오는 것을 알 수 있다.

오늘 하루 너무 고되고 힘들고 지쳐 도무지 힘이 나지 않는 날. 감정을 제어하기 어렵고 짜증이 올라오는 날. 운동을 하거나 노래방에 가서 노래를 부르고 친구들과 만나 수다를 떨어도 기분이 나아지지 않는 날. 집에서 혼자 있고 싶은 날.

하루를 열심히 보냈음에도 우리는 남에게는 관대하고 스스로에게는 엄격하기에 자신에게 잘했다는 말을 해주기보다 채찍질을 한다. 충분히 잘했는데도 말이다.

당신은 오늘도 최선을 다해 잘 보냈을 것이다. 그러니 오늘 하루 수고한 당신에게 잠을 선물로 주면 좋겠다.

충분히 편하게 자도 될 정도로 오늘도 고생 많았으

니 마음 편히 잠에 들어보자. 걱정을 잠시 내려놓고 푹 잠을 자자.

푹 자고 일어나면 신기할 정도로 기분이 한결 나아질 것이다.

Part 3.

나만의 색깔로
채워가는 매일

아무런 대가를 바라지 않는 일

대학교를 졸업하고 심적인 안정감 없이 힘들었던 시기에, 나는 나를 위로하기 위해 글을 쓰기 시작했다.

처음에는 마음에 있는 것들을 다 토해내 상처를 치유하고 용기를 북돋기 위해 글을 썼다.

글을 쓰느라 밤낮이 바뀌어 늦게 자고 늦게 일어나기도 했지만, 글을 쓰는 그 시간이 마냥 좋았다. 어떤 이유에서인지 모르겠지만 잘될 거라는 확신이 있었다.

어느덧 아저씨라고 불려도 반박할 수 없는 서른넷이 되었다. 처음에는 나를 위해 글을 썼으나, 누군가에게 나의 이야기를 들려주고 싶었고, 내 글이 위로로 전달

된다면 의미 있는 일이라 생각했다.

 최근에는 나는 왜 글을 쓰는지 진지하게 고민했다. 그리고 어떻게 써야 할지에 관하여 생각이 많은 밤을 보내게 되었다.

 물론 이런 고민을 하지 않아도 글은 계속 쓸 것이다. 하지 말라고 해도 글을 쓰는 일은 멈추지 않을 것이라는 확신이 있다. 몸이 먼저 움직일 정도로 글을 쓰는 것을 좋아하기 때문이다.

 남들이 뭐라 하던 현실이 어떻든 한번 꾸준히 글을 계속해서 써보고 싶다. 어떻게 될지 아무도 모르니까.

 살다 보면 슬럼프가 오듯 글을 쓰는 이유와 목적이 사라지기도 한다.

 글은 곧 사람을 대변한다는 말처럼, 한 글자 한 글자에 마음을 담아 진정성 있는 사람이 되고 싶다.

 글을 읽는 이들에게 긍정적인 에너지가 전달될 수

있도록 깊이 있는 사람이 되고 싶다.

  슬럼프도 찾아오지만, 이 순간도 지나 사람 냄새 나는 일상에서 힐링을 전하는 사람이 되고 싶다.

  목표가 결국 돈이라면 나는 그만두는 게 좋지 않을까 생각한다. 나 또한 목표가 돈이었다면 글쓰기를 시작조차 하지 않았을 것이다. 아무런 대가가 없어도 좋으니 하는 것이지, 돈을 벌기 위해 하는 것이 아니다. 돈은 목표가 아니라 결과다.

  당신도 좋아하는 것이 있고 잘하는 것이 있지 않은가? 하지 말라고 해도 계속하게 되는 것이 있지 않는가?

  당신도 대가 없이 계속하는 일이 있다면, 그것은 좋아하기 때문일 것이다.

  그렇다면 멈추지 말고 계속해 보자.

  나도 당신도 언제 어느 때 어떤 기회가 생겨 어떻게 될지는 아무도 모르는 것이다.

느리더라도 그저 꾸준히 걷자.

나는 이제부터 당신을 응원하겠다.

당신도 나를 응원해 주면 감사하겠다.

누구에게나 그리운 시간은 있다

살면서 마음속에 한이 되는 것이 있는데, 시간이 지나도 잊히질 않았다.

초등학교 4학년 때 안국역 부근 재동초등학교라는 곳으로 전학을 갔다. 집도 건물도 옛날 느낌이 물씬 드는 동네였다.

나는 학교에서 발표를 잘하던 아이였다. 하도 발표를 많이 해서 별명이 '또 신일'이었다. 어릴 때는 나를 좋아해 주던 친구들이 많았다.

아버지가 교통사고를 당해 집이 어려워지기 시작해 안국동 집을 팔고 다른 곳으로 이사하게 되었다.

한 학년에 3반밖에 없던 친구들과 제대로 된 인사조차 하지 못하고 헤어지게 되었다.

최근 그리웠던 시절을 떠올리며 안국역에 있는 재동초등학교를 보러 갔다.

학교는 예나 지금이나 여전히 그대로였다. 운동장도 야외 운동기구도 다 그대로였다. 원래 살았던 집으로 가는 길에 있던 문방구부터 가게들이 다 바뀌어 그곳은 외국인들의 관광지가 되어 있었다.

얼마나 쓸쓸하고 마음이 아팠는지, 그 시절의 친구들이 얼마나 그리웠는지 모른다. 문방구에서 팔던 100원짜리 만두 하나를 사 먹던 게 좋았고, 친구들과 지금은 없어진 BHC 콜팝 치킨을 먹고 싶어 전단지를 부렸던 것도 생각난다.

축구할 때 실수로 내 발을 걸어 넘어뜨렸던 친구에게 자존심이 상해, 그 애가 게임을 하고 있을 때 뒤에서 싸움을 걸다 얻어터진 기억도 난다. 그때 팔에 생긴 흉

터는 아직도 오른팔에 남아 있다.

초등학생이던 내가 벌써 30대가 되었으니 시간이 참 빠르기만 하다.

계속 생각나 꿈에도 나오던 그곳을 찾아가 보니 여러 가지 생각이 들었다. 그 복잡한 생각과 감정이 정리되었다. 그리운 시간이 좋은 추억으로 다시 자리 잡게 되었다.

누구에게나 그리운 시간은 있다.
누구에게나 좋았던 순간이 있듯이.

당신의 그리움은 어디일까 궁금하다.

사람이 성장하는 동력, 열등감

 알바생 시절 나는 얼굴은 날렵했지만 몸이 마르고 어깨가 좁아 같이 일하는 형들이 나를 '어좁이'라며 운동을 하라고 했다. 생각해 보면 자기들은 뚱뚱하거나 덩치만 있을 뿐 몸이 좋지는 않았다.

 그때는 몸에 대해 별생각이 없었다. 좋은 말이 아니니 기분은 나빴지만 별다른 콤플렉스가 있지도 신경이 쓰이지도 않았다.

 평소 싫어하던 매니저가 내 어깨가 좁다며 복싱을 하던 나에게 운동을 하라고 했다. 그 말에 자존심이 상했다. 그럴 만도 한 게, 매일 같이 술만 마셔 배가 나온

매니저에게 그런 소리를 들었으니 말이다.

나는 몸을 키우는 방법도 모른 채 유산소 운동을 했다. 같이 일하던 동생이 나에게 도움이 될 거라며 말을 건넸다.

"형, 크로스핏을 해 봐요. 힘들지만 도움이 많이 될 거예요."

"나는 무서워서 못 하겠어. 너무 힘들 거 같아."

크로스핏은 모르는 사람들과 하는 운동이기도 하고, 나는 새로운 것에 쉽게 도전하는 성미는 아니어서 할 마음이 생기진 않았다.

철봉만 깔짝대다 30대가 되니 체력에 한계를 느꼈다. 30대가 되면 20대 시절과 몸이 다르다는 말이 말도 안 되는 소리라고 생각했지만, 사실이었다. 30대가 되면서 오히려 몸무게는 배로 늘어났고, 일로 인한 스트레스를 풀 수 있는 무언가가 필요했다.

동생도 크로스핏을 같이 하자고 했다. 처음에는 별생각이 없어 거절했는데, 그러다 큰맘 먹고 동생과 같이 하기로 결심했다.

"형이 오기 전에 해봤는데, 이 운동 진짜 빡세."

"그래? 나 오늘 죽는 거 아니야?"

동생에겐 능청스럽게 웃어 보였지만, 사실 시작하기도 전에 겁부터 집어먹었다.

아무것도 모른 채 모르는 사람들과 코치님이 알려주는 대로 운동을 시작했다.

칠판에 적힌 운동을 시간 안에 세트로 하면 되는 것이었다. 운동 이름만 보면 지금까지 해본 운동과 뭐 다른 게 있진 않은 것 같았다.

처음부터 꽤 힘든 운동과 스트레칭을 하고 나니 이제 운동이 끝난 줄 알았다. 그런데, 그게 준비운동이었다. 운동은 지금부터 시작이었다. 진짜 죽는구나 싶었다. 벌써 체력을 다 쓰고 힘이 없는데, 이제 시작이라니 갑자기 무서워지기 시작했다.

운동을 하는 내내 숨을 쉬기조차 힘들었다. 물을 안 마실 수 없었고, 침을 삼키는데 피 맛이 났다.

그때 내가 느낀 것이 있다. 죽을 거 같아도 죽지는 않는다는 것, 지금까지 내가 겪었던 고통보다 더한 고통이 있다는 것이다.

처음엔 무섭기만 하던 크로스핏을 스트레스와 부정적인 에너지를 해소하기 위해 지금까지도 꾸준히 하고 있다.

어쩌면 지금까지 해본 운동 중 가장 잘 맞는 운동이라는 생각이 든다.

나이를 먹어보니 과거에 내 몸에 대해 평가했던 그들의 마음을 알 것 같다. 내세울 건 없고 자기보다 못한 사람을 찾아 스스로 더 우위에 있다는 생각을 가지고 싶은 마음. 그래야만 그들이 살아갈 수 있었을 것이다.

세상에는 뛰어난 사람들이 많다. 그러니 항상 겸손해야 한다.

내가 다니는 크로스핏장만 해도 몸이 좋고 잘하는 사람들이 많은데, 세상엔 얼마나 대단한 사람들이 많이 있을까.

열등감으로 던진 말 한마디가 누군가에게는 상처가 되지만 동기부여가 되기도 한다.

일론 머스크는 자폐 스펙트럼의 양상 중 하나인 아스퍼거 증후군에 내성적인 성격이라 학교에서 따돌림을 당했다고 한다. 학교폭력을 당하던 당시 그의 유일한 친구는 책이었다.

그는 사람들에게 당한 무시와 외로움을 독서로 달랬다. 사람들의 비웃음거리였던 그는 결국 많은 고난과 경험과 창의력을 바탕으로 테슬라의 CEO가 되었다.

우리는 무에서 유를 창조한 그를 보며 사람의 앞날은 아무도 알 수 없다는 것을 다시 한번 알 수 있다.

어린 시절 힘들었을 때의 일론 머스크에게 친구가 되어 준 게 독서였다면, 자존감이 낮고 위축돼 있던 나에게 자신감을 심어준 건 크로스핏이다. 그때의 매니저와 형들의 무시가 지금의 나를 성장할 수 있도록 해주었기에 고맙기도 하다.

상처 주는 말을 곧이곧대로 받아들이지 않고, 자신이 더 나아지는 데 초점을 맞춰 성장하는 사람들이 있다.

누군가에게 비난을 들었을 때 주저앉는 사람이 될지, 아니면 반대로 성장하는 사람이 될지는 각자의 선택이다.

그들이 우리를 비난하고 무시하는 것을 받아줄 필요는 없다. 오늘보다 더 나은 사람이 되면 되는 것이다.

누군가 "넌 못해"라고 했을 때, 그의 눈을 보고 말하자.

"똑똑히 봐. 보여줄게."

이 마음으로 나아가면 되는 것이다.

별이 빛나는 이유

유퀴즈 프로그램을 통해 황가람이란 가수를 알게 되었다. 그의 '반딧불'이라는 노래를 들으며 울컥했다. 노래에는 그가 살아온 인생이 담겨 있었다.

원래 태권도 선수를 하다가 부상으로 선수 생활을 접게 되었고, 교회에서 찬양팀을 하다가 노래를 좋아해서 가수의 꿈을 품게 되었다고 한다.

서울로 상경한 그는 막노동으로 당시 목돈을 마련했다. 홍대 놀이터에서 마이크 없이 버스킹을 하며 5개월 정도 노숙을 했다. 일이 마음처럼 풀리지 않아 다 포기하고 돌아가고 싶은 마음도 들었다고 한다.

그 후 노래 연습을 할 수 있다는 공간이 필요해지자 사람이 살 수 없는 창고를 구해 잠을 자고 노래 연습을 했다. 거기서 동료들을 만났다.

모든 것을 그만두고 싶을 때 2020년 비공개 오디션을 통해 300:1의 경쟁률을 뚫고, 90년대부터 활동하던 유명 밴드 피노키오의 보컬에 합격해 좋은 기회를 잡았다.

그런데 그해에 코로나가 터졌다. 그는 이 시기가 힘들어 가수 생활을 그만두려고 했다고 한다.

그리고 2024년, 그를 유명하게 만든 곡 '나는 반딧불'을 만나게 되었다.

우리는 어른이 되면서 현실 앞에 나약한 사람이라는 것을 인정하게 된다. 자신이 특별한 사람이 아니라 많은 사람들 중의 그저 한 명이라는 것을 알게 되기도 한다.

한없이 내려가는 자신을 보며 나는 신이 볼 때 작디

작은 개미 정도에 불과할 뿐이라고 생각하게 된다. 나는 그렇게 대단하고 큰 존재가 아니고, 살다가 세상을 떠날 한 인간일 뿐이라는 것을 실감한다.

가수 황가람 씨의 이야기를 들으며 공감하지 않을 수 없었다. 글을 쓰며 마음처럼 되지 않는 현실에 공감이 되는 부분이 많았기 때문이다.

별은 스스로 빛나기도 하지만 다른 것들을 빛내 주는 역할을 하기도 한다.

별이 가장 빛날 때는 스스로만 빛나기 위함이 아닌 타인을 빛나게 해줄 때가 아닐지 생각해 보았다.

나도 처음에는 내가 빛나는 사람이라고 생각해 계속해서 글을 썼지만, 현실을 보며 점점 작아졌다. 내가 특별한 사람이 아닌 그저 많은 사람 중의 하나라는 걸 알았다. 밑바닥까지 내려갔을 때, 나는 벌레라고 생각했다.

우리 모두가 메이저로 살 수는 없다.

하지만 메이저여야만 그 사람이 가치 있는 존재인 건 아니다. 마이너로 살아가도 가치가 있다. 누군가에게는 빛나는 사람일 수 있다.

모두가 메이저일 필요는 없다. 마이너여도 상관없다. 마이너로 살다 메이저가 될 수도 있다.

우리는 모두가 빛나고 가치 있는 사람이라는 사실을 잊어서는 안 된다.

감사하는 이유

시간이 흐를수록 사소한 것의 사소하지 않음을 알게 된다.

하루에 먹는 음식과 커피 그리고 쓰는 돈. 사고 싶은 물건을 사고 하고 싶은 일을 하는 것. 하고 싶은 일을 참는 것도 힘들지만, 하기 싫은 일을 하는 건 더 힘들다.

모두가 잘 먹고 잘살고 싶어 하지만, 그것이 너무도 어려움을 뼈저리게 느끼는 현실이다. 그래서 나는 사소한 것에 조금 더 집중하며 살기로 했다.

잘 먹고 잘사는 것이 내 마음처럼 되지 않을 때 나는 사소하고 작은 것에 감사함을 느끼면서 하루를 보내고 있다. 원래부터 잘 먹고 잘사는 사람이었다면 아마 감사라는 단어는 내 글에서 찾아볼 수 없었을 것이다.

내가 감사하는 이유는 오늘을 당연하지 않게 그 의미를 떠올리며 잘 살아내기 위해서다. 이를테면 집에서 먹을 수 있는 집밥이 당연한 것 같지만, 막상 요리를 해보면 들어가는 정성이 대단하다. 또한 음식에 들어가는 비용도 만만치 않음을 알 수 있다. 어머니는 거기에 손맛과 사랑까지 담아 내어주신다.

잘 찾아보면 우리는 생각보다 풍요롭게 살고 있다. 우리가 누리고 있는 것들이 생각보다 많다. 가진 것이 많고 적은 차이일 뿐, 누구나 누리는 것들이 있다.

그것을 당연하게 여기고 지나가느냐, 감사하면서 사느냐의 차이일 뿐. 오늘 하루의 기분도 그 차이에서 정해진다.

기분 좋은 하루를 보내고 싶다면 작은 것이라도 감사할 것을 찾아보자. 생각보다 많이 나올 것이다.

오늘 하루 산책을 하며 맑은 하늘을 보기, 피곤함을 달래기 위해 커피 한잔 마시기, 땀을 내서 운동을 하고 난 뒤 맛있게 식사하기.

가족과 함께 보내는 시간, 취미로 하는 예술 활동, 연인과 함께하는 데이트, 아프지 않고 건강하게 숨을 쉬며 살아갈 수 있다는, 이 모든 감사할 것들, 우리가 누리고 있는 것들이 많다는 걸 알게 된다.

오늘 하루도 기분 좋게 보내고 싶다면 이것들을 잊지 말자.

당신은 생각보다 가진 것과 누린 것이 많은 사람이다. 감사하다 보면 오늘 하루도 잘 이겨낼 수 있을 것이다.

감사할 수 있어서 감사하다.

잊고 있던 꿈

오랫동안 잊고 있었지만, 내가 원하던 꿈은 좋은 남편, 좋은 아빠가 되는 것이었다. 사랑하는 사람을 만나 상대와 나를 닮은 아이를 낳고 화목한 가정을 꾸리는 것이다.

누리지 못했기에 간절히 이루고 싶었다. 결핍이 있는 사람은 그 결핍을 채우고 싶다 하지 않던가?

나에겐 우리 가족이 그 누구보다 소중하고 중요하지만, 가정의 화목은 그와는 별개였다. 무엇보다 화목한 가정에서 자라는 것이 꿈이었다.

겨울이 올 무렵, 문득 잊고 있던 기억이 떠올랐다. 책을 내서 대박을 내는 것이 아닌, 원래 내 꿈은 좋은 아빠, 좋은 남편이 되고 싶다는 것을 말이다.

겨울이 지나고 봄이 온다. 꽃이 피고 진다. 어둠이 지나고 밝아진다. 그렇게 오늘도 나는 잊고 있던 꿈을 기억에서 꺼내본다.

당신도 잊고 있던 꿈이 있다면 한번 꺼내서 들여다보길 바란다. 내가 진짜로 원하던 것이 무엇이었는지.

그게 보이는 화려한 것이든 눈에 보이지 않는 것이든, 정답은 없다. 사람마다 자기가 꿈꾸고 원하는 것은 다를 것이다.

다만 내가 정말 원하는 것이 무엇인지 아는 것과 사람들이 추구하니까 그렇게 따라 사는 삶은 다를 것이다.

잊고 있던 꿈을 꺼내 보자. 분명 내가 원했던 꿈이 있었을 것이다. 내가 원했던 모습이 있었을 것이다.

그것이 당장 이루어지지 않더라도 간절히 꿈을 꿀 수는 있지 않은가?

반려견이 아닌 가족

어릴 때부터 강아지를 키우고 싶었다. 그러나 부모님이 반대하셔서 키우지 못하다가, 아버지가 원하는 것이 있으면 들어주겠다는 말에 나는 곧바로 키미를 데려왔다.

강아지에 대한 지식이 있었더라면 유기견을 데려왔겠지만, 아무런 지식이 없는 상태에서 우리는 신촌에 있는 애견샵에 갔다.

그 많은 강아지 중에 유리를 발로 긁고 서서 자기를 데려가 달라는 푸들이 있었다. 지금 키우는 키미다.

당시 너무도 작고 예쁘게 생겼었는데 나와 교감이

되는 느낌을 받았다. 그때 얼굴이 사람으로 치면 디카프리오의 리즈 시절 같은 느낌이었다. 나에게 다른 강아지는 보이지 않았고, 키미를 데려오고 싶다고 미리 예약을 해서 이틀 뒤 우리는 키미를 데려왔다. 당일 애견샵에서 키미를 데리고 가려는데, 초등학생으로 보이는 아이가 부모님에게 키미를 데려가고 싶다고 하기도 했다.

그렇게 3개월 된 아이를 안고 차에 태워 데려오는데 얼마나 작고 예쁘던지 품 안에 안긴 생명이 이렇게 소중할 수 있다는 걸 처음 알았다. 정말 그때 기분은 말로 표현할 수가 없다.

강아지를 키우면서 느낀 점이 많다. 강아지는 말만 못 할 뿐, 감정을 느끼고 간접적으로 표현한다. 밥을 먹고 싶으면 누워 있는 내 배에 올라와 밥을 달라고 하고, 물을 마시고 싶으면 따라오라고 신호를 보낸다.

산책하러 나가서 다른 강아지가 좋으면 다가가고 무

서우면 안아 달라거나 다른 데로 가자고 한다. 심지어 대소변을 공공장소에서 참으며 끙끙거리기도 한다.

어릴 때부터 우리 가족은 키미를 가족으로 생각해 자주 말을 걸었다.

"산책하러 가자." "옥상 가자." "일 갔다 올게." "카페 가자." "샤워하자." "병원 가자." "마트 가자."

키미는 지금도 좋으면 반응하고, 샤워하자거나 병원에 가자고 하면 싫어서 으르렁거린다. 계속해서 장난치다가 물린 적도 있다.

키미와 함께 지내면서 생명은 참 신기하고 귀한 존재라는 것을 느꼈다. 우리에게는 가족이다. 나에게 키미는 항상 우선순위다. 키미가 집에 없거나 조용하면 허전할 정도로 내 삶의 대부분을 차지하고 있다.

키미를 데리고 왔을 때 접종부터 해서 돈이 꽤 많이 들었다. 그 후에도 미용이나 사료, 간식, 장난감, 유모차 등 생각보다 돈이 많이 깨지곤 했다.

강아지를 키우고 싶으신 분이 있다면 단순하게 결정하기보다는 아기를 한 명 키운다는 생각으로 책임감 있게 키우셨으면 좋겠다. 그만큼 손도 많이 가고 관심을 줘야 하기 때문이다.

책임감이 없이는 키울 수 없는 것이 생명이다. 내가 보기에 예뻐서 단순히 키우고 싶어서가 아닌 책임감 있게 키울 수 있다면 끝까지 키우시기를 바란다.

절대 어떤 상황에도 버리지 마시라. 그럴 거 같으면 처음부터 데려오지 않기를 바란다.

지식이 있는 분이시라면 애견샵에서 데려오기보다는 유기견을 데려왔으면 한다.

강아지를 키우다 보면 강아지에게 더 큰 사랑을 받을 수 있고, 밖에 나가면 보이는 거 하나하나를 신기해하며, 주인이 밖에 나갔다 들어오면 언제든지 반겨준다. 강아지를 통해 사랑을 배울 수 있다고 생각한다.

그토록 주인을 사랑하고 매일 매일 반겨 주는 가족도 없다.

강아지를 집에 두면 늦게 들어오는 날에도, 친구와 약속이 있는 날에도, 해외여행을 다녀와도 집에 돌아오면 그렇게 사랑으로 반겨주는 친구가 없다. 나를 집에서 온종일 기다린다.

순수하고 사랑스러운 강아지를 보면서 다시 한번 사랑을 배우게 된다.

키미에게 미안한 점이 있다면 몸이 피곤할 때나 할 일이 많을 때 밤에 데리고 나갈 곳이 마땅치 않아 자주 산책해 주지 못한 것이다.

주변 지인은 매일 산책을 해준다는데, 반성하는 마음으로 쉬는 날 낮에 산책을 다녀왔다. 기분이 좋은지 키미가 표정이 좋아 보였다.

차가 있으면 여기저기 데려가고 싶은 마음도 있다. 바다도 구경시켜 주고 자연에서 냄새도 맡게 해주고 말이다.

데려왔을 때 이불부터 바닥에 온통 오줌을 싼 이유로 혼낸 적도 많았다. 너무 많이 짖어 조용히 하라며 소리 지른 적도 있었다. 이웃들의 민원이 있을까 조심스러웠다.

4월 1일은 우리 키미의 생일이다. 어느덧 여덟 살이 된다. 매년 생일이 오면 무엇을 해줄까, 뭘 해주면 우리 아기가 좋아할까, 생각해 보지만 키미는 그냥 주인이랑 같이 있는 것을 제일 좋아하는 것 같다. 주인이 옆에 함께 있어 주고 쓰다듬어 주는 것을 좋아한다. 이처럼 사랑이 많고 사랑을 원하는 생명체도 없다.

최근 반려견 훈련사 강형욱 씨의 강연에 간 적이 있다. 키미가 분리불안이 심하고 많이 짖어서 이웃들에게 눈치가 보여 피해가 가는 것이 아닐까 하는 염려에 공부할 겸 해결책을 찾고 싶어 강연에 참석했다.
강형욱 씨의 얘기를 듣는 내내 느낄 수 있었다.
'저분은 정말로 강아지를 사랑하는 사람이구나. 지식도 많지만, 그보다 더 지혜로운 사람이구나.'

강연에 온 사람들에게 질문을 받는 시간이 있었는데 푸들의 분리불안에 관한 이야기가 나왔다. 용기가 안 나 질문을 못했는데 다른 분이 질문해 주셔서 감사했다.

"원래 푸들이라는 강아지는 겁이 많고 분리불안이 있는 게 당연해요. 잘 생각해 보면 여러분, 강아지들이 어쩌면 한국의 이 좁은 공간에서 살기에는 너무 답답할지도 모릅니다. 공간이 넓은 곳에서 풀어 놓고 키울 수 있는 곳이 있다면 강아지들에게 좋을 거예요. 다만 사람들과 함께 살려면 강아지에게 가르쳐 줄 수밖에 없습니다. 이럴 때는 조심해야 한다고, 이럴 때는 이러면 안 된다고 말이죠."

그때 강연을 들으면서 강형욱 씨가 강아지를 대하는 진정성과 진심에 대하여 다시 한번 알게 되었다. 세심한 부분까지 생각하며 마음으로 강아지를 대한다는 것을 알았다.

강연을 듣고 집에 돌아오니 여전히 키미는 기다렸다

는 듯이 반겨 주며 만져 달라고 애교를 부린다. 귀여워서 배에 뽀뽀를 했다.

이웃이 계단을 오르고 내려갈 때 여전히 짖고 밖에서도 모르는 강아지에게 짖기도 하고 경계하기도 한다. 그러나 원래 우리 키미 성격인 것을 어쩌겠나 싶다.

나에게 키미는 가족이자 정신적인 부분에서 힐링을 주고 사랑을 알려준 유일한 생명체다.

언젠가 키미를 보내줘야 할 날이 오겠지만 그것을 미리 생각하면 너무 슬프니까, 우리가 함께하는 날 동안에는 최선을 다해 사랑하려 한다.

내 자식이 가장 예쁘고 소중하듯이 나에게도 다른 강아지보다 키미가 가장 소중하고 예쁘다. 우리 키미도 자기의 부모를 나와 엄마로 안다.

생명을 키워보면 얼마나 소중하고 배울 것이 많은지 알 수 있다.

단순히 귀엽고 사랑스러워서 가볍게 키울 마음이 아

닌 끝까지 책임질 수 있다는 마음으로 함께 한다면 서로에게 그보다 좋을 수 없을 것이다.

키우게 된다면 꼭 끝까지 함께해 주시기를 바란다. 절대 무슨 일이 있어도 생명을 버리지 마시라고 말하고 싶다. 물론 그런 사람들은 소수에 불과하겠지만, 생각보다 많은 강아지가 학대당하고 버려지는 것을 볼 때면 마음이 아프다.

가장 사랑하는 주인에게 버림받은 강아지는 한참을 그곳에서 다시 돌아올 거라고 생각하며 기다릴 것이다.

반려견을 키우고 싶은 분이 있으시다면 끝까지 함께 할 수 있다는 확신이 들 때 그때 키우시길 바란다. 무슨 일이 있어도 사랑으로 끝까지 책임감 있게 키워 주시길 간절히 부탁드린다.

항상 건강하세요, 할머니

　추석이나 설날 같은 명절이 되면 아버지는 매번 외할머니에게 전화해 안부 인사를 드렸다.

　아버지가 우리 곁을 떠난 후 나는 아버지를 대신해 외할머니에게 전화해 안부 인사를 드렸다.

　"할머니, 잘 지내시죠? 아픈 데는 괜찮으세요? 찾아봬야 하는데 말만 해서 죄송해요. 다음에는 꼭 내려갈게요."

　"오야, 신일이가……. 몸이 안 아픈 데가 없데이……. 이제 갈 때가 됐나 보다. 가기 전에 신일이 결혼하는 건 보고 가는 게 소원이데이."

대구 사람인 할머니는 매우 아프신 듯 앓는 소리를 내셨다.

"네네, 꼭 그래야죠. 아프지 마시고 건강하세요, 할머니."

"오야 오야, 엄마 말 잘 듣고 있어래이."

"네, 할머니."

작년 봄이던가. 월급이 들어오고 엄마에게 부탁했다.

"엄마, 큰돈은 아니지만 할머니에게 20만 원만 전해 줘."

"그래, 할머니가 좋아하시겠다."

"많지도 않은데, 뭘."

돈을 보내고 몇 시간 지나지 않아 할머니에게 연락이 왔다고 전화를 바꿔 주셨다.

"신일이가······. 신일아, 뭐 이리 돈을 많이 줬나. 손주한테 이렇게 큰돈도 받아보고 더 이상 바랄 게 없데이."

그 얘기를 듣고 마음이 뭉클해졌다.

"아니에요, 할머니. 많이 못 드려서 죄송해요."

"아니데이. 너무너무 고맙다."

엄마는 할머니가 너무너무 좋아하신다며 잘했다고 하셨다.

많이 못 드려서 송구한 마음이었는데, 정말 좋아하시는 할머니 목소리를 듣고 금액이 적어도 보내 드리길 잘했다는 마음이 들었다.

반년쯤 지나 나에게도 성격이 잘 맞는다고 생각되는 짝이 나타났다. 우리는 연애 초반부터 결혼 얘기가 나왔다. 어쩌면, 할머니의 통화가 마음에 남아서인지도 모르겠다.

문득 길을 걷다가 할머니가 생각나 전화를 걸었다.

"할머니, 잘 지내시죠? 저 신일이에요."

"신일이가……."

할머니는 몸이 더 편찮아지셨는지 전보다 더 목소리가 약해지셨다.

"할머니, 좀 괜찮으세요? 아프시면 안 되는데. 곧 찾아뵐게요."

"오야……. 온몸이 너무 아프다."

"할머니, 제가 여자 친구가 생겼는데요. 아마 곧 결혼하게 될 거 같아요."

"정말이가? 너무 잘됐다……. 가기 전에 신일이 결혼하게 되는 거 보고 갈 수 있겠다……."

많이 기쁘신 나머지 할머니의 목소리가 조금 더 커졌다.

사실 정해진 건 아무것도 없었다. 하지만 그렇게라도 해서 기쁘게 해드리고 싶었다.

"네, 할머니. 곧 찾아뵐게요. 주무세요."

"오야……. 곧 보재이."

전화를 끊고, 손주가 하루빨리 결혼하고 아이를 낳아 안겨 드리면 기뻐하실 텐데, 할머니의 기쁜 목소리가 되려 마음에 걸렸다. 할머니를 위해서라도 서둘러 결혼할 수 있게 되면 좋겠다는 생각을 했다.

근데 역시나, 사람의 앞날은 알 수 없더라.

다시 찾아오지 않을 추억

최근 이별을 하고 혼자가 되니 마음도 편하고 숨을 쉴 수 있을 것 같았다. 혼자서 한 달 정도를 보내면서 집에서 가끔 맥주를 마셨다.

그러다 오랜만에 와인파티에 가게 되었다. 그날은 몸살도 있고 괜히 갔다가 돌아올 때 기분이 좋을 거 같지 않았지만 즉흥적으로 신청 버튼을 눌러버린 탓에 취소할 수 없었다.

와인파티는 모르는 남녀들이 모여 여러 종류의 와인을 바비큐와 함께 먹으며 얘기를 나누는 모임이다.

그날은 비가 내려 거리에 사람도 적었다. 나는 미리

출발해 가장 먼저 도착해서 한 명 두 명 들어오는 사람들과 인사를 했다. 테이블이 다 채워지자 진행자가 들어와 진행을 시작했다.

진행이 끝나고 로테이션으로 남자들이 자리를 옮기며 여자분들과 얘기를 나누는 시간이 주어졌다.

사람들은 돌아가며 편하게 얘기를 나누기 시작했다. 내향형인 나는 낯을 많이 가리는데, 술만 마시면 텐션이 올라간다.

그렇게 계속 돌다 한 여성분의 옆자리에 앉게 되었다. 생머리에 피부가 하얗고 늘씬한 그녀는 청순해 보였다.

대화를 나누면서 그녀는 나에게 지금까지 로테이션하면서 얘기한 남자 중에 자기 얘기를 제일 잘 들어준다고 했다. 내가 무심코 한 말이 진행자에게 들렸나 보다.

"인상이 되게 좋으신 거 같아요."

그 말을 들은 진행자가 갑자기 옆에서 끼어들었다.

"뭐야? 번호 교환해. 관심 있는 거잖아. 번호 물어봐. 뭐 해."

괜히 당황스러웠지만 핸드폰을 꺼내 번호를 알려달라 했다.

"이따가 조금 더 얘기하게 되면 알려줄게요."

그녀도 당황했지만 싫지는 않은 듯했다.

"인상이 좋아 보인다? 뭐 '도를 아십니까' 그런 건 아니지?"

진행자가 웃으며 말했다.

"아뇨, 선해 보인다는 말이에요."

자리를 계속 옮기다 이번 모임은 얘기도 나누고 맛있는 것도 먹었으니 집에 가야겠다 싶어 전철로 향하는데, 처음 옆자리에 있던 여성분에게 전화가 왔다.

"우리 2차인데요. 제가 초대하는 거예요. 오세요."

잠시 고민이 됐지만 다시 2차 장소로 향했다. 자리에 앉으려고 보니 옆자리에 아까 얘기를 나누던 그녀가 있었다.

남자들은 나이가 좀 있는 편이었다. 목적이 들여다보이니 부담을 주는 분위기여서 기분이 좋지 않았다. 본인들은 나름 유머라고 생각했을지 모르지만 재미도 없고 무례하게 느껴졌다. '나는 솔로'의 빌런들만 모은 특별편을 직관하는 기분이었다.

내 옆의 여자분이 갑자기 나에게 귓속말을 했다.

"그 2차 오라고 부른 옆에 여자분, 저 남자분하고 뭔가 있는 거 같아요."

왜 이런 말을 나한테 하는지 이해할 수는 없었으나 대답은 했다.

"그래요, 그런 거 같네요."

내가 너무 무성의했던 걸까? 갑자기 그녀가 나를 보며 말했다.

"나도 좀 봐요."

순간 당황스러웠지만 귓속말을 했다.

"잠시 나가서 얘기 좀 하실래요?"

"네, 좋아요."

밖에서 우리는 한동안 말없이 서 있었다. 나는 참다가 답답해서 물었다.

"저는 그쪽한테 관심이 있는데, 그쪽 마음을 잘 모르겠어요. 혹시 저한테 관심 있으세요?"

"네, 관심 있어요."

"그러면 번호 좀 알려주세요."

"네, 여기요. 용기 내서 얘기해 주셔서 고마워요."

다시 들어오니 남자들이 눈치 없이 손병호 게임을 하자면서 밀어붙였다. 여성분들 표정이 안 좋았지만 다들 착하셔서 응해 주신 거 같았다. 게임이 끝나고 한 남자분이 그녀에게 질문했다.

"여기서 마음에 드는 남자분이 있어요?"

"네, 이분이요."

옆자리 그녀는 나를 가리켰다. 기분이 좋은 걸 감출 수 없었다. 적극적인 분이구나 생각했다.

분위기가 너무 안 좋아 남자들 말곤 말이 없어 자연

스럽게 집에 가자고 얘기를 꺼내 2차를 마무리했다. 집에 돌아오면서 그녀에게 전화를 걸었다.

"집에 잘 들어가고 있죠? 조심히 들어가세요."

"네, 조심히 들어가세요."

다음 날부터 그녀와 계속 연락을 이어 나갔다. 사실 연락하다 끊길 줄 알았다. 그녀가 회를 좋아한다길래 리뷰가 좋은 곳을 찾아 약속을 잡았다.

만나는 그날도 비가 왔다.

"어디쯤이세요?"

"저 먼저 와서 카페에서 기다리고 있어요."

"저도 왔는데 어디 쪽이에요?"

"제가 나갈게요. 전철 출구 쪽에 계세요. 그쪽으로 갈게요."

우산을 쓰고 출구로 가니 그녀가 있었다.

"안녕하세요. 오는 데 멀지 않으셨어요?"

"네, 괜찮았어요."

그렇게 얘기를 이어 나가다 횟집으로 들어갔다.

어색했지만, 얘기를 이어 나갔다.

"제가 낯을 좀 가려요."

그녀가 웃으며 얘기했다.

"그렇게 안 보이시는데요?"

이런저런 소소한 얘기를 이어 나가며 계속 웃는 나에게 그녀가 말했다.

"그런데 눈에 장난기가 가득해 보여요."

그녀가 막 웃었다.

도다리회와 곁들인 음식들이 아주 잘 나왔는데, 우리는 음식을 먹기보다 대화를 많이 했다. 직원들이 매운탕이 나올 때까지도 회를 안 먹고 계속 얘기만 한다며 좀 드시라고 했다.

나보다 한 살 연상인 그녀와 계속 존댓말을 하기에는 거리감이 느껴져 말을 놓기로 했다.

"우리 말 편하게 하자."

"그래."

우리는 그냥 친구처럼 이름을 부르기로 했다.

"우리 2차로 옮길래?"

"그래."

기다렸다는 듯이 대답했다. 그녀는 생각보다 술을 마시고도 취하지 않았고, 오히려 술을 잘 못 먹는 나를 배려해 줬다.

"억지로 술 먹지 마."

그날도 그렇게 오랫동안 얘기를 나누고 집에 돌아와 뻗었다.

연락은 계속해서 이어졌다. 한 주 뒤에 그녀는 지난번에 내가 회를 샀으니 이번에는 자기가 사고 싶었다며 근처 소 곱창을 사기로 했다.

먼저 도착해 그녀를 기다리는데, 떨렸다. 그녀는 도착하자마자 밝게 웃었다.

"언제 왔어? 많이 기다렸어?"

"아니, 온 지 얼마 안 됐어."

그날따라 얼마나 예쁘던지 뚫어져라 쳐다봤다.

소대창, 막창, 곱창 등 몇 가지를 하나씩 시키니 직원분이 직접 구워 주셨다.

"너무 맛있다. 맛집 잘 찾네?"

"리뷰를 보는데 맛있어 보이더라고."

"근데, 오늘 진짜 예쁘다. 원래도 예뻤는데 오늘 더 예뻐 보여."

기분이 좋은지 그녀가 막 웃었다.

"너도 멋있어."

"고마워."

잠깐 바람을 쐬러 밖에 나왔는데 비가 왔다. 근처 다이소에 뛰어가 우산을 사 왔다.

"많이 기다렸지?, 밖에 비가 와서 우산 사 왔어."

"감동이야, 노란색으로 사 왔네?"

"응, 집 갈 때 쓰고 가라고."

"고마워."

그날은 그녀에게 부담스럽지 않는 선에서 호감 표현

을 많이 했다. 그녀도 좋아 보였지만 확실한 반응을 보여주지 않아 긴가민가했다.

"다른 데로 2차 가자."

"좋아."

그녀와 조용한 이자카야로 가서 웃으며 도란도란 얘기를 나눴다. 나는 술이 약하니 소주잔에 물을 타 마셨다.

주말이라 슬슬 차가 끊길 시간이라 그녀가 버스 타는 곳으로 데려다 달라고 했다.

"오늘 너무 잘 먹었어."

"나도 잘 먹었어."

그녀는 자기가 길치라며, 버스를 타야 하는데 어디서 버스를 타야 하는지 물었다. 우산을 쓰고 그녀는 나를, 나는 그녀를 꽉 잡은 채 버스정류장을 향해 걸어갔다.

"미끄러지지 않게 조심해."

버스정류장에서 기다리면서 시시콜콜한 얘기를 했다. 오랜만에 느껴보는 좋은 감정이었다.

"손이 참 예쁘다."

"응, 나 손이 예뻐서 네일아트 할 때 사람들이 내가 한 네일을 많이 따라 했어."

"근데 우리 만날 때마다 비가 오네? 운명인가 봐."

그녀는 황당했는지 막 웃었다.

"그러네."

버스가 오고 그녀를 집에 보낸 후 나는 비를 맞으며 집에 돌아왔다.

"잘 들어가고 있지?"

"응, 가고 있어. 잘 들어갔어?"

"응, 도착했어."

"나도 거의 다 와 가."

우리는 매일 아침과 밤마다 인사를 나눴다.

"굿모닝."

"잘자, 좋은 꿈 꿔."

"이따 여의도에서 6시에 만나자 편하게 입고 와."

"좋아, 이따 봐."

우리는 생각보다 잘 맞았고, 나는 그녀에게 푹 빠져들었다. 그녀의 외모도 내면도 무척 마음에 들었다. 무엇보다 대화가 잘 되고 잘 들어주며 유해 보이는 그녀의 성격이 너무 좋았다.

약속 시간이 다 되어가자, 그녀에게 연락이 왔다.

"미안한데 나 여의도 가는 버스가 안 떠. 10분만 기다려 보고 없으면 다음에 약속 다시 잡아도 될까?"

"응, 괜찮아. 괜히 날씨 쌀쌀한데 밖에서 기다리지 말고 들어가."

10분도 안 돼서 다시 전화가 왔다.

"가는 버스 찾았어. 근데 오늘, 사실 같이 러닝하는 건 핑계고……. 오늘 공원에서 분위기 보면서 할 얘기가 있었거든."

"응? 뭔데?"

알 것 같으면서도 아리송했다.

"원하면 통화로도 얘기해줄 수 있어."

"아니야, 만나자. 여의도공원에서 봐."

"그래."

그렇게 시간이 되어 여의도 공원을 갔는데 어찌나 사람들이 많은지 여기도 이제 공원이 아닌 동네 시장이 되어 버린 느낌이었다.

우리는 천천히 공원을 산책했다. 아침에도 러닝하고 또 러닝을 하는 것이지만 그녀랑 뛰니 좋았다.

"여기에 잠깐 앉자. 근데 할 얘기가 뭐야?"

"내가 왜 네가 표현할 때 바로바로 표현을 못 했는지 알아?"

"모르겠어."

"나도 너한테 마음이 있는데, 사실 좀 망설였어."

뒤이어 그녀가 한 이야기들을 듣고 나서 순간 마음속에서 뭔가 툭 하고 내려앉았다.

"아, 그랬구나. 얘기해 줘서 고마워."

"아니야, 얘기해야지. 나도 이제 마음을 표현했으니까, 신중하게 생각해 보고 답해 줘."

"알았어."

비는 안 오는 데 날씨가 너무 흐리고 바람이 불었다.

"조금 걷다가 갈까?"

"그래."

그녀는 나와 온 곳이 추억으로 남을 거 같다면서 사진을 찍었다. 그때는 몰랐다.

"나는 별로 그런 거 상관없어."

"아니, 그래도 나랑 있을 때 말고 혼자 있을 때 생각해 봐."

그녀가 타는 버스정류장에 가서 버스가 올 때까지 기다려 줬다. 그때 버스가 올 때까지 다 기다려 주지 못하고 중간에 버스를 타고 집으로 돌아온 게 아쉬움으로 남는다.

그때부터 며칠간 나는 계속해서 생각했다. 그녀가 너무 좋았고, 이전에 만나 본 사람들과 다르게 정말 마음이 많이 갔다. 그런데 20대가 아니고 30대인 내게 현실은 어쩔 수 없는 것이었다.

나는 정말 많은 고민 끝에 그녀에게 연락했다.

"곰곰이 생각해 봤는데 나는 네가 너무 좋거든. 근데 장기적으로 미래를 생각해 봤을 때 내가 너한테 더 상처를 줄 거 같아. 미안해."

"……말하기 어려웠을 텐데 말해줘서 고마워. 나도 아쉽지만, 며칠 만남 생각해 보면 좋은 추억이 됐어."

그녀와의 마지막 카톡이었다.

살다 보니 사람에게 진한 감정을 느끼는 날이 온다. 그 순간은 진한 향기에 취해 버렸다. 지난날 만났던 사람들은 기억조차 나지 않는다.

계속 웃음만 나올 뿐 너무나도 좋았던 순간들. 그렇게 진했던 향도 시간이 지나면서 날아가 버렸다. 향은 사라졌지만 내 기억 속엔 여전히 남아 있다.

보통의 삶은 없다

 어린 시절에 내가 겪은 일들을 친구들에게 말해 주면 주변에서는 다소 놀란 반응을 보였다.

 "너는 인생이 평범하지는 않고 스펙타클하다."

 그러면서 자신은 나 같은 사건들 없이 평범하게 살고 있다고 했다. 그때까지만 해도 그들이 부러웠다. 보통의 삶을 살아가는 이들이 부러웠다.

 시간이 지나면서 여러 사람을 만나며 저마다 사연이 있음을 알 수 있었다.

 부모님의 이혼을 겪은 사람, 기초생활수급자 생활을 하는 사람, 부모님을 모시고 가장으로 사는 사람, 가정

폭력을 당한 사람, 전세대출 사기에 피해를 본 사람, 정신과에 다니는 사람, 대출금이 많아 갚지 못한다는 사람, 애인이 바람을 피웠다는 사람, 사랑하는 사람이 세상을 떠났다는 사람, 암에 걸렸다는 사람 등 말을 안 할 뿐 사연 없는 사람은 없었다.

겉으로 보기에 밝게 웃는 이들이 부러웠던 나는 자신을 스스로 돌아보며 반성하게 되었다.

어떤 사연을 가졌을지도 모르는데, 사람을 겉으로만 보고 행복해 보인다고 부러워했던 어리석은 지난날을 뉘우쳤다.

사는 게 행복하다는 사람도 있다. 반대로 사는 게 불행하다는 사람도 있다. 우리는 살면서 옆에 있는 사람을 부러워할 때가 있다. 우리는 주변 사람의 처지에 따라 우월감을 느끼기도 열등감을 느끼기도 한다. 가끔 주변 사람이 부러울 수도 있겠지만, 누군가는 반대로 나의 삶을 부러워할 수도 있다.

나는 말 못 할 사연을 가진 이들에게 위로를 해줄 만한 사람이 아니다. 우리 모두 각자의 사연이 있는 사람임을 알 뿐이다. 어쩌면 평범한 사람, 보통의 삶을 사는 사람은 없을지도 모른다.

보통의 삶이 없다는 것은 결국 삶은 우리 마음처럼 흘러가지 않는다는 것을 뜻한다. 만약 내 마음처럼 삶이 흘러갈 수 있다면 얼마나 사는 것이 재미없겠는가.

보통의 삶은 없지만 당신의 삶은 있다.

어쩌면 보통의 삶을 살아오지 않았기에 이만큼 성장할 수 있었던 것이 아닐까.

아무런 일이 일어나지 않는다는 것은 아무것도 하지 않았기 때문일 것이다.

여러 도전과 노력과 인내를 거듭했기에 우리의 삶은 변했고 이전보다 나은 삶을 살아가고 있다. 어쩌면 지금이 우리의 가장 보통의 날일지도 모른다.

- 에필로그 -

그래도 삶은 계속되고,
당신은 충분히 아름답다

 어떤 사람은 자신의 삶이 영화나 드라마 같다고, 견디기 힘들다고 말한다.
 어떤 사람은 자기 이야기를 담담하게 말한다. 힘든 일을 겪었음에도 오히려 밝게 살아가는 사람들도 보인다.
 누구에게도 말하진 않지만, 집에서 홀로 눈물을 흘리며 티를 내지 않는 이들도 있을 것이다.

삶을 살아보니 우리의 마음처럼 흘러가지 않을뿐더러 그렇게 호락호락하지도 않더라.

그렇다고 삶에 해결책이나 정답이 있는 것도 아니다.

만약 누군가 이렇게 살면 잘될 거라고, 이렇게 살면 문제가 해결될 거라고 제시해 주는 이가 있다면, 그 사람은 한 번쯤 의심해 봐야 할 사람일 것이다.

나의 삶은 누구도 대신 살아줄 수 없기에 내가 지켜내고 살아내는 것이다.

그뿐만 아니라 지금 내 모습, 내가 처한 현실이 어떻든지 당신은 누군가의 귀한 딸이자 아들인 사실은 변함없다.

살다 보면 전혀 예측하지 못한 방향으로 삶이 흘러가기도 한다. 우리는 때로 당황하기도 하고, 견딜 수 없는 고통에 좌절하기도 한다.

어쩌면 누구나 말을 하지 않을 뿐 저마다 어깨에 짐 하나쯤은 지고 살아간다.

아이일 때가 얼마나 좋았는지…….

부모님이 밥도 먹여 주고 챙겨 주고 키워 줬던 시간이 있었지만, 어른이 되어 보니 우리가 이제는 부모님의 짐을 짊어져야 할 상황이 되었다.

지금 우리에게 어떤 일이 생겼든 삶은 계속되고 지나가지 않을 것만 같은 순간도 지나간다. 결국 삶이 계속되는 한 모든 순간은 지나간다.

다시 얘기하지만, 당신은 누군가의 귀한 아들이자 딸임을 잊어서는 안 된다.

어떠한 삶이라도 당신이라는 그 자체는 변함이 없다. 여전히 당신은 그 자체로서 아름답고 귀한 사람이다.

어쩌면 나의 이야기 속에서 당신의 이야기가 떠올랐을 수도 있고, 나와 비슷한 사람도 있다는 동질감을 느겼을 수도 있다. 사연은 다르지만 이런 경험을 한 사람도 있다고 생각하는 이도 있을 것이다.

보통의 삶을 사는 이는 없다. 그래서 우리는 더욱 보통의 삶을 꿈꾸는지도 모른다. 결국 크고 작은 사연들이 한 사람의 삶이 된다.

글을 써보라고 권유해 준 아버지, 캥거루족인 아들임에도 여전히 나를 사랑해 주시는 어머니, 떨어져 있지만 가끔 친구처럼 이야기 나눌 수 있는 내 동생, 힘들 때나 기쁠 때나 언제나 반겨 주는 우리 강아지 키미.

그리고 글의 소재가 나올 수 있도록 내 삶이 보통의 삶이 아닌 것에 감사하다.
한 권의 책으로 나올 수 있도록 경험할 수 있던 시간이 감사하다.

마지막으로 책을 펴고 끝까지 읽어준 당신에게 감사하다는 말을 전하고 싶다.